A Responsabilidade Civil Pré-Contratual das Entidades Adjudicantes

A Responsabilidade Civil Pré-Contratual das Entidades Adjudicantes

2018

Rui Cardona Ferreira
Mestre em Direito
Advogado

ALMEDINA

A RESPONSABILIDADE CIVIL PRÉ-CONTRATUAL DAS ENTIDADES ADJUDICANTES

AUTOR
Rui Cardona Ferreira

EDITOR
EDIÇÕES ALMEDINA, S.A.
Rua Fernandes Tomás, nºs 76-80
3000-167 Coimbra
Tel.: 239 851 904 · Fax: 239 851 901
www.almedina.net · editora@almedina.net

DESIGN DE CAPA
FBA.

PRÉ-IMPRESSÃO
João Jegundo

IMPRESSÃO E ACABAMENTO
PENTAEDRO, LDA.

Agosto, 2018

DEPÓSITO LEGAL
444265/18

ALMEDINA | GRUPOALMEDINA

BIBLIOTECA NACIONAL DE PORTUGAL – CATALOGAÇÃO NA PUBLICAÇÃO

FERREIRA, Rui Cardona

A responsabilidade civil pré-contratual
das entidades adjudicantes. – (Monografias)
ISBN 978-972-40-7606-5

CDU 347

Aos meus Pais

À Catarina

NOTA PRÉVIA

Decorridos dez anos sobre a entrada em vigor do Regime da Responsabilidade Civil Extracontratual do Estado e após as recentes revisões do Código de Processo nos Tribunais Administrativos e do Código dos Contratos Públicos, afigurou-se-nos oportuno revisitar o tema da responsabilidade civil pré-contratual das entidades adjudicantes, matéria de grande relevância prática e a respeito da qual persistem dúvidas e divergências na doutrina e na jurisprudência.

Trata-se de uma breve monografia que retoma, atualiza e condensa estudos anteriores, a par de alguns aspetos que nunca havíamos tratado detidamente, e que pretende oferecer uma visão de conjunto, alicerçada jus-cientificamente, mas claramente orientada para responder às diversas questões práticas que se colocam nesta matéria.

Se conseguirmos, assim, contribuir, mesmo que modestamente, para este desiderato, já daremos por bem empregues o empenho e o tempo que a preparação da presente monografia exigiu, numa fase em que se nos deparam outros desafios académicos e profissionais.

Lisboa, junho de 2018.

LISTA DE ABREVIATURAS

Ac. – Acórdão
BGB – Bürgerliches Gesetzbuch
BFDUC – Boletim da Faculdade de Direito da Universidade de Coimbra
BMJ – Boletim do Ministério da Justiça
GWB – Gesetz gegen Wettbewerbsbeschränkungen
CC – Código Civil
CCF – Código Civil francês
CCI – Código Civil italiano
CCP – Código dos Contratos Públicos
CDP – Cadernos de Direito Privado
CJ – Coletânea de Jurisprudência
CJA – Cadernos de Justiça Administrativa
CPA – Código do Procedimento Administrativo
CPTA – Código de Processo nos Tribunais Administrativos
DJ – Direito e Justiça
FI – Il Foro Italiano
GC – Giustizia Civile
LOPTC – Lei de Organização e Processo do Tribunal de Contas
NGCC – Nuova Giurisprudenza Civile Commentata
OD – O Direito
OJLS – Oxford Journal of Legal Studies
PPLR – Public Procurement Law Review
RC – Recueil Dalloz
RCDP – Rivista Critica del Diritto Privato
RCP – Revista de Contratos Públicos
RDA – Revista de Direito Administrativo
RDC – Revista de Direito Civil
RDCDGO – Rivista del Diritto Commerciale e del Diritto Generale delle Obbligazioni
RRCEE – Regime da Responsabilidade Civil Extracontratual do Estado
RLJ – Revista de Legislação e Jurisprudência

ROA	–	Revista da Ordem dos Advogados
RTDPC	–	Rivista Trimestrale di Diritto e Procedura Civile
TCA Sul	–	Tribunal Central Administrativo Sul
TCA Norte	–	Tribunal Central Administrativo Norte
STA	–	Supremo Tribunal Administrativo
STJ	–	Supremo Tribunal de Justiça
TJ	–	Tribunal de Justiça
TRL	–	Tribunal da Relação de Lisboa
TRP	–	Tribunal da Relação do Porto

§1º
Introdução

1.1. Uma jurisprudência (ainda) hesitante

I. No que respeita ao âmbito da indemnização a que tem direito o concorrente ilicitamente preterido no contexto de um procedimento adjudicatório público, a jurisprudência dos nossos tribunais administrativos tem, maioritariamente, seguido uma orientação marcada por dois dados relevantes: em primeiro lugar, tem aproximado essas situações ao regime da *culpa in contrahendo*; em segundo lugar, em linha com a orientação mais tradicional a respeito desse mesmo instituto, tem sustentando uma limitação apriorística do dano indemnizável ao interesse contratual negativo.

II. Apesar de, como adiante se verá mais desenvolvidamente, ser suscetível de uma apreciação crítica, tal orientação jurisprudencial tem-se mantido, pelo menos tendencialmente, até à atualidade.

Exemplos disso mesmo são, nomeadamente, os acórdãos do TCA Sul de 28.06.2012 (proc. 6934/10) e do STA de 20.06.2013 (proc. 1360/12), onde expressamente se afirma uma limitação da indemnização ao interesse contratual negativo, no domínio da responsabilidade pré-contratual. Em sentido próximo – ou de resultado materialmente equivalente –, pode também referir-se, como exemplo ainda mais recente, o aresto tirado pela Secção de Contencioso Administrativo do STA em 14.01.2016, no proc. 1403/12, onde, tanto quanto é possível apreender da respetiva fundamentação de facto, estava em causa a pretensão indemnizatória deduzida por um concorrente cuja proposta havia sido graduada em segundo lugar, tendo sido judicialmente anulada a decisão de adjudicação ao concorrente vencedor e que viera a executar plenamente o contrato indevidamente celebrado.

Neste último caso, a autora, talvez tentando evitar a controvérsia em torno do âmbito da indemnização na *culpa in contrahendo*, qualificara a responsabilidade em causa como contratual, qualificação que, muito justamente, o STA recusa, reconduzindo o caso ao plano da *culpa in contrahendo*. O STA, todavia, acaba por negar provimento ao recurso, desde logo por entender que a circunstância de a autora ter fundado o pedido de indemnização dos lucros cessantes em responsabilidade contratual determina essa improcedência, o que, salvo o respeito devido, nos parece não levar em linha de conta que a qualificação jurídica não integra, em princípio, a causa de pedir e que o julgador não está vinculado pela qualificação jurídica efetuada pelas partes[1]. Na prática, o STA considerou, assim, logicamente prejudicado um necessário juízo de prognose póstuma sobre a probabilidade de adjudicação e celebração do contrato pela autora, que sempre constituiria pressuposto do direito a indemnização pelos lucros cessantes no quadro da responsabilidade pré-contratual, sendo que as circunstâncias de a autora ter ficado graduada em segundo lugar e de a adjudicação ter sido considerada ilegal poderiam constituir fortes indícios no sentido de um desfecho do procedimento adjudicatório favorável à autora[2].

III. Em sentido diferente desta orientação tradicional, cabe salientar o aresto tirado pelo TCA Sul em 24.11.2016, no processo 13.745/16[3]. Este último acórdão do TCA Sul merece, na verdade, um destaque reforçado, por aquilo que nos parece ser uma certeira, bem fundamentada e cate-

[1] Como assinala LEBRE DE FREITAS, a causa de pedir corresponde ao facto ou conjunto de factos constitutivos da situação jurídica que o autor pretende fazer valer, mas "externa ao conceito de causa de pedir é, de qualquer modo, a qualificação jurídica desse facto" – in *Introdução ao Processo Civil – Conceito e Princípios Gerais à Luz do Novo Código*, 4ª ed., Coimbra, 2017, pp. 73-74. Sublinhando também que "a qualificação jurídica que o autor faz dos factos jurídicos concretos alegados como fundamento do seu pedido não é, por princípio, determinante para a configuração da causa de pedir da ação", veja-se o aresto tirado pelo TRP em 7.04.2016, publicado in *CJ*, tomo II/2016, pp. 194 e ss.

[2] Importa ressalvar, todavia, que, dos fundamentos deste acórdão, não resultam claros a natureza dos vícios que determinaram a anulação dos atos pré-contratuais e o correspondente grau de liberdade da entidade adjudicante na conformação da hipotética reinstrução procedimental e na renovação desses atos.

[3] Da mencionada corrente jurisprudencial, apenas destoava, até à data deste acórdão do TCA Sul e tanto quanto nos podemos aperceber, o aresto tirado pelo TCA Norte em 4.11.2011, no proc. 213/06.

górica afirmação do direito do concorrente ilicitamente preterido a ser indemnizado, em determinadas circunstâncias, pelo interesse contratual positivo. Essa afirmação vai, de resto, ao ponto de afastar ainda razões relativamente vagas em que alguma jurisprudência também encontrava apoio para impedir ou *esvaziar* o direito a indemnização dos lucros cessantes, nomeadamente uma abstrata manutenção da capacidade produtiva do concorrente lesado[4].

Assumindo que o concorrente cuja proposta ficara graduada em quarto lugar, padecendo a admissão das propostas que ocupavam as primeiras três posições de vício de violação de lei, tinha direito à execução do contrato e, portanto, à indemnização do interesse contratual positivo, o TCA Sul ergueu com esse aresto, segundo esperamos, um importante marco na jurisprudência sobre esta matéria.

Em todo o caso, continua a justificar-se passar em revista o enquadramento jurídico e os termos da controvérsia em causa, que não pode considerar-se ultrapassada.

1.2. Natureza e efeitos jurídicos da abertura de concurso público: a vinculação da entidade adjudicante

I. A questão da determinação do âmbito da indemnização pela preterição ilícita de um concorrente depende, antes de mais, da caracterização jurídica da abertura de concurso público.

Por abertura de concurso público tomamos o conjunto dos instrumentos jurídicos formado pelo anúncio e pelo programa do concurso, bem como pelo caderno de encargos, que estabelecem, em termos paradigmáticos, as regras procedimentais a que há de obedecer o concurso público e os termos e as condições substanciais que deverão integrar a relação contratual a emergir do contrato objeto do concurso, respetivamente. Este conjunto de instrumentos jurídicos tem subjacente, unificando-os, uma

[4] Assim, por exemplo, decidiu o STA no aresto tirado em 23.09.2003, no recurso 1527/02, que "(...) quando o facto lesivo redunda na não celebração do contrato é este o facto principalmente determinante na conformação do dano. Nestes casos, em que o contrato não chega a ser celebrado (ou não é válido, ou não é eficaz), o lesado continua a poder celebrar outros contratos, com a sua capacidade negocial apta a obter o lucro que obteria com a celebração do negócio frustrado. A detenção da capacidade de obter o lucro (noutros negócios) é que determina, em termos de razoabilidade e justiça, que – em regra – o dano negativo não compreenda o «lucro esperado» naquele contrato" – cf. secção 4.3. *infra*.

verdadeira decisão de contratar, ainda que implícita[5], que precede a publicação do anúncio do concurso, mas que só através daqueles instrumentos se exterioriza e se torna eficaz. O artigo 36º, nº 1, do CCP, dá hoje, aliás, evidência desta fenomenologia[6].

[5] Sobre a decisão ou deliberação de contratar, como imprescindível ato inicial ou propulsivo do procedimento administrativo pré-contratual e respetiva caracterização, cf. Sérvulo Correia, *Legalidade e Autonomia Contratual nos Contratos Administrativos*, Coimbra, 1987, pp. 656 e ss. A existência desta decisão de contratar, nem sempre com existência formal ou autónoma, tende a ser reconhecida pela generalidade da doutrina da especialidade. Pedro Gonçalves chegou a sustentar a *desnecessidade* da autonomização da decisão de contratar no domínio dos contratos administrativos – que se encontrava associada à restrição da legitimidade ativa, na ação sobre contratos, às próprias partes, nos termos do artigo 825º do Código Administrativo –, em face da entrada em vigor do CPTA, que já na sua versão originária alargara tal legitimidade a terceiros (cf. *O Contrato Administrativo – Uma Instituição do Direito Administrativo do Nosso Tempo*, Coimbra, 2003, pp. 88-89). No entanto, em momento anterior, o mesmo Autor destacou a importância e a impugnabilidade autónoma da decisão de contratar, à luz do anterior regime de contencioso administrativo (cf. *A Concessão de Serviços Públicos*, Coimbra, 1999, p. 207). Sem deixarmos de ter em conta a menor importância prática de que se reveste hoje a referência à decisão de contratar, considerando o alargamento da legitimidade ativa nas ações sobre contratos e a impugnabilidade autónoma das peças do procedimento, o reconhecimento da existência da decisão de contratar não se limita a uma *funcionalidade* processual e preserva utilidade explicativa do processo de formação dos contratos públicos, sendo mesmo indispensável para a completa apreensão do seu regime e sentido global – cf. nota 6 seguinte. A importância da deliberação ou decisão de contratar, designadamente enquanto *manifestação de vontade*, é normalmente salientada também na doutrina italiana – cf. Salvatore Buscema/Angelo Buscema, *I Contratti della Pubblica Amministrazione* (vol. VII do *Trattato di Diritto Amministrativo*, coord. Giuseppe Santaniello), 3ª ed., Pádua, 2008, pp. 147 e ss., Roberto Caranta, *I Contratti Pubblici*, Turim, 2004, pp. 280-281, e Eugenio Mele, *I Contratti delle Pubbliche Amministrazioni*, 3ª ed., Milão, 2002, pp. 52-55.

[6] Fazendo uma apreciação crítica da opção legislativa, mas reconhecendo a importância da decisão de contratar, à qual atribui eficácia externa, considerando-a autonomamente impugnável, vide Tiago Duarte, "A decisão de contratar no Código dos Contratos Públicos: da idade do armário à idade dos porquês", in *Estudos de Contratação Pública – I* (coord. Pedro Gonçalves), Coimbra, 2008, pp. 148-180, *maxime* pp. 174-178. Em face da redação do artigo 36º do CCP, também Pedro Gonçalves assinala hoje que a decisão de contratar, "(...) em si mesma, é um ato interno, sem projeção fora da esfera da entidade adjudicante", mas que se converte "(...) num ato externo – e assim em ato administrativo impugnável – quando se revela para o exterior através do anúncio ou do convite à apresentação de propostas", os quais devem ser entendidos como "(...) elementos ou partes que, em conjunto com a decisão interna de contratar, formam ou compõem a decisão de contratar enquanto ato administrativo (ato composto)" – cf. *Direito dos Contratos Públicos*, 2ª ed., vol. 1, Coimbra, 2018, p. 405. Sobre a matéria, cf. ainda Miguel Assis Raimundo, *A Formação dos Contratos Públicos – Uma Con-*

O que importa aqui, naturalmente, é apurar quais os efeitos jurídicos produzidos pela abertura do concurso, quer na esfera da entidade adjudicante, quer na esfera dos concorrentes, a respeito da futura celebração do contrato objeto do procedimento: trata-se, pois, de avaliar, na tensão entre a liberdade de (não) contratar e o dever de contratar, em que ponto a abertura do concurso coloca a entidade adjudicante.

II. A tese tradicional neste domínio assenta na ideia de que a abertura de concurso público consubstancia um mero convite a contratar, um convite à apresentação de propostas pelos concorrentes, a respeito das quais a Administração preserva a sua liberdade de contratar ou não.

Esta tese corresponde aos ensinamentos de MARCELLO CAETANO[7] e transparecia já na própria definição de concurso que era dada por aquele Autor: "(...) concurso é o processo resultante do convite, feito ao público ou àqueles que reúnam determinados requisitos, para a apresentação de propostas de contrato (...)"[8]. Também pela negativa, MARCELLO CAETANO não deixou dúvidas sobre a sua posição sobre esta questão: "É certo que o concurso, por via de regra, é aberto para a formação de um contrato cujas cláusulas se encontram antecipadamente redigidas no caderno de encargos logo apresentado pela Administração. Mas esse caderno não representa uma oferta feita ao público: a sua função é a de simplificar os preliminares do contrato, estabelecendo desde o início os termos em que a Administração está disposta a contratar e em que devem ser concebidas as propostas"[9].

Em termos congruentes com a caracterização da abertura de concurso como mero convite a contratar, o Autor recusa a existência de um dever de adjudicar o contrato a qualquer dos concorrentes: "Em princípio, entende-se que, também aí, os poderes são discricionários, sendo facultado à pessoa coletiva declarar sem efeito o concurso já chegado à adjudicação ou recusar todas as propostas por não lhe convir nenhuma delas"[10].

corrência Ajustada ao Interesse Público, Lisboa, 2013, pp. 768 e ss., e LOURENÇO VILHENA DE FREITAS, *Direito dos Contratos Públicos e Administrativos*, Lisboa, 2014, pp. 219 e ss.

[7] Não tomando posição nesta matéria, mas referindo-se também *en passant* a um convite a contratar, vide PAULO OTERO, *Legalidade e Administração Pública – O Sentido da Vinculação Administrativa à Juridicidade*, Coimbra, 2003, p. 523.

[8] In *Manual de Direito Administrativo*, vol. I, Coimbra, 10ª ed., pp. 596-597.

[9] *Ob. cit.*, p. 597.

[10] *Ob. cit.*, p. 604.

No entanto, como Marcello Caetano também já referia, recordando os custos avultados que podem estar subjacentes à elaboração e apresentação das propostas dos concorrentes, a expectativa destes não deve ser "(...) frustrada sem motivo legítimo (...)"[11], pelo que se tem assistido à "(...) inserção nas leis de restrições ao direito de não adjudicar, o qual só poderá ser exercido quando se verifiquem determinadas circunstâncias"[12].

III. Afigura-se, assim, mais rigorosa e adequada a construção de Sérvulo Correia, segundo o qual a autonomia contratual da Administração, pelo menos no que respeita aos contratos administrativos – hoje, melhor diríamos, contratos públicos –, desenvolve-se, fundamentalmente, em dois momentos distintos: num primeiro momento, situa-se "(...) a decisão de contratar, executada pelos atos que formalizam uma proposta ao público (...)"[13]; num segundo momento, a Administração exerce a sua "(...) faculdade de aderir, com maior ou menor grau de autodeterminação às propostas que outros lhe apresentem"[14]. É que, conforme salienta ainda o Autor, se nalguns casos a decisão de contratar, traduzida na abertura de concurso, "(...) poderá constituir desde logo o teor integral do contrato que a Administração se propõe celebrar, que em tal hipótese funcionará como contrato de adesão"[15], via de regra há lugar a uma fase "(...) mais ou menos procedimentalizada de negociações, da qual venha a resultar a elaboração do texto do contrato"[16].

De acordo com o ensinamento de Sérvulo Correia, na abertura de concurso, "(...) a Administração formula uma oferta ao público, ou a um conjunto delimitado de possíveis cocontratantes"[17], mas trata-se de uma proposta ou de uma oferta ao público sui generis, dotada de duas particularidades: "(...) à proposta da Administração não hão de corresponder

[11] *Ibidem*.

[12] *Ibidem*.

[13] Cf. *Legalidade...*, cit., p. 656.

[14] *Ibidem*, p. 657.

[15] *Ibidem*.

[16] *Ibidem*, p. 658. Conforme se depreende da nota 476 na mesma página, a referência a negociações é formulada pelo Autor em termos amplos, de modo a abranger as diversas formas pelas quais os concorrentes são chamados a integrar ou completar o conteúdo do futuro contrato, designadamente a simples apresentação de "(...) propostas com condições divergentes das do caderno de encargos (...)".

[17] *Ibidem*, p. 701.

declarações de aceitação das quais decorra a conclusão do contrato mas sim novas propostas, provenientes dos interessados; em face das novas propostas provenientes dos interessados, cumpre à Administração pronunciar-se mais uma vez, aceitando uma delas"[18].

A circunstância de se reconhecer que, ao menos na generalidade dos casos, sobre as propostas dos interessados incide ainda uma aceitação por parte da Administração não impede que se constate a existência, de acordo com o entendimento propugnado pelo Autor, de um dever de adjudicar decorrente da própria abertura de concurso público: "Ao abrir o concurso, a Administração vincula-se perante o público, ou perante os limitados destinatários quando for esse o caso, a levar avante o procedimento pré-contratual e, designadamente, a apreciar as propostas com intenção de escolher a melhor de entre as que não estiverem aquém dos limites da aceitabilidade"[19]. O que sucede é que o dever de adjudicar que daí resulta não só é condicionado – na medida em que depende da verificação dos pressupostos em que assenta a abertura de concurso e do mérito relativo das propostas dos concorrentes –, como se encontra sujeito a uma "(...) reserva de revogação da proposta inicial da Administração (e da decisão ou deliberação de contratar)"[20].

IV. Embora a qualificação da abertura de concurso como uma proposta ou oferta ao público não possa considerar-se incontroversa[21], a posição de SÉRVULO CORREIA não sofreu, na sua essência, qualquer erosão com o decurso do tempo. Mais do que o *nomen juris*, é a substância das coisas que deve ocupar o espírito do jurista e do intérprete-aplicador.

Ora, a construção de SÉRVULO CORREIA tem o mérito de assinalar que a abertura de concurso não é, propriamente, um convite a contratar, juridicamente inócuo – ou pouco mais do que isso – para a Administração, mas que dela emerge um dever de adjudicar, ainda que condicionado e sujeito a uma reserva de revogação.

[18] *Ibidem*.

[19] *Ibidem*, p. 701.

[20] *Ibidem*, p. 702.

[21] Pela nossa parte, tendemos a ver aí uma verdadeira promessa púbica – cf. a nossa dissertação *Indemnização do Interesse Contratual Positivo e Perda de Chance (em especial, na contratação pública)*, Coimbra, 2011, pp. 51 e ss.

Há aqui uma inversão da perspetiva tradicional deste fenómeno: segundo tal ponto de vista, a Administração pode não adjudicar porque a isso não está obrigada; já segundo SÉRVULO CORREIA, a Administração pode não adjudicar, porque, apesar de estar obrigada, em princípio, a fazê-lo, a lei lhe reserva, ao menos em determinados termos, tal faculdade[22].

V. Cremos que a perspetiva de SÉRVULO CORREIA não só enquadra, juridicamente, a realidade da abertura de concurso de forma mais adequada do que a tese tradicional, ensinada por MARCELLO CAETANO, como é mais coerente, designadamente, com o reconhecimento de que a não adjudicação por motivos de interesse público é, também ela, de exercício condicionado, só podendo ser exercida em determinadas circunstâncias.

Também MARGARIDA OLAZABAL CABRAL assinala, aliás, que "(...) a Administração que abre um concurso fá-lo porque tem a intenção séria de contratar, e de, por um tal meio, escolher uma proposta de contrato e um cocontratante, e para tanto se vincula a seguir um procedimento pré-estabelecido e a respeitar determinados princípios jurídicos"[23]. Assim, é inquestionável, como refere ainda a mesma Autora, que a Administração "(...) se obriga, nos exatos termos formulados na lei e no programa do concurso, a escolher um adjudicatário e a contratar, desde que seja apresentada uma proposta que a satisfaça"[24], de tal modo que a decisão de não adjudicação sem fundamento válido constitui "(...) incumprimento da obrigação assumida pelo ato de abertura de concurso"[25].

No mesmo sentido se pronunciam ainda MÁRIO ESTEVES DE OLIVEIRA e RODRIGO ESTEVES DE OLIVEIRA, quando referem que, "(...) com a abertura do procedimento, e só com isso (...), a entidade adjudicante já fica legalmente vinculada ou comprometida (...) a outorgar o benefício ou a celebrar o contrato que constituem seu objeto àquele (ou com aquele)

[22] Como assinala ainda SÉRVULO CORREIA, dos pressupostos acima enunciados, "(...) não tem que inferir-se a pura e simples inexistência do poder de não adjudicar por razões alheias à qualidade das propostas dos concorrentes. Acontece – isso sim – que esse poder não emerge de uma situação de total desvinculação da Administração perante os concorrentes" – *ob. cit.*, pp. 701-702.

[23] Cf. *O Concurso Público nos Contratos Administrativos*, Coimbra, 1997, pp. 219-220.

[24] *Ibidem*, p. 233.

[25] *Ibidem*.

dos concorrentes que oferecer a melhor proposta, segundo o critério de adjudicação (...)"[26].

VI. Em suma, ainda que dependente da individualização do concorrente adjudicatário, nem por isso deixa de existir um verdadeiro dever de celebrar o contrato, por parte da Administração, e um correlativo direito à celebração, por parte dos concorrentes[27].

A existência de um dever de celebração do contrato ou de um dever de adjudicação acha-se, aliás, explicitada ou positivada, desde 2008, no artigo 76º do CCP, erigindo o ato de adjudicação em *ato legalmente devido* e outorgando ao particular interessado a correspondente tutela em sede de contencioso administrativo[28]. Isto mesmo sublinha Pedro Gonçalves, referindo que o dever de adjudicação consagrado no CCP "(...) corresponde a um primeiro estádio de realização do *dever de contratar* – de celebração do contrato – que a entidade adjudicante assume externamente, desde o momento da publicação do anúncio ou do envio do convite"[29].

1.3. Relevância, no plano indemnizatório, da vinculação da entidade adjudicante

I. Assente que a publicitação da decisão de contratar implica a vinculação administrativa à conclusão do procedimento adjudicatório e à celebração do contrato com o concorrente que apresentar a melhor proposta, importa agora averiguar qual a projeção, no plano indemnizatório, dessa vinculação.

Deve, a este respeito, começar por referir-se que não existia, no nosso ordenamento jurídico, até há bem pouco tempo, qualquer disposição legal especialmente aplicável à responsabilidade por ato ilícito praticado no âmbito de um procedimento pré-contratual. Na verdade, o Decreto-Lei nº 48051, de 21 de novembro de 1967, que dispunha sobre a responsabilidade civil extracontratual do Estado e demais pessoas coletivas públicas, não

[26] In *Concursos e Outros Procedimentos de Contratação Pública*, Coimbra, 2011, p. 806.

[27] Chegando até a sustentar a existência de um "compromisso contratual assumido antes da própria celebração do contrato", cf. Pedro Fernández Sánchez, "A tutela ressarcitória no Direito dos Contratos Públicos: interesse contratual positivo ou negativo e perda de chance", in *OD*, 2015, tomo IV, p. 858.

[28] Assinalando, certeiramente, este aspeto, cf. Miguel Assis Raimundo, *A Formação...*, cit., p. 1144, e Pedro Fernández Sánchez, *loc. cit.*, pp. 864-865.

[29] Cf. *Direito dos Contratos Públicos*, cit., p. 857.

continha qualquer disposição que se referisse ao tema, o mesmo podendo dizer-se, aliás, do Decreto-Lei nº 197/99, de 8 de junho, donde constava o regime jurídico da realização de despesas públicas e da contratação pública que tivesse por objeto a aquisição de bens e serviços, e do Decreto-Lei nº 59/99, de 2 de março, que regulava a contratação – e a execução – de obras públicas, bem como dos diplomas legais que precederam estes últimos.

O novo RRCEE, aprovado pela Lei nº 67/2007, de 31 de dezembro, veio pela primeira vez introduzir, no nosso ordenamento jurídico, uma norma especial sobre esta matéria, que encontra sede no respetivo artigo 7º, nº 2, já alterado, entretanto, pela Lei nº 31/2008, de 17 de julho. Todavia, este último preceito legal não tem conteúdo próprio, sendo meramente remissivo e de alcance incerto, como adiante se exporá mais desenvolvidamente[30].

II. A determinação do âmbito da indemnização a cargo das entidades adjudicantes depende, portanto, e antes de mais, da caraterização da modalidade de responsabilidade civil em causa.

Inserindo-se o ilícito praticado pelas entidades adjudicantes no contexto de um procedimento funcionalmente orientado para a adjudicação e a celebração de um contrato, a responsabilidade civil daí emergente deve ser qualificada ou aproximada do instituto da *culpa in contrahendo*, tal como tem sido reconhecido pelo STA.

É certo que alguma doutrina recente tem criticado o recurso ao instituto da *culpa in contrahendo* e ao artigo 227º do CC para enquadrar a responsabilidade civil das entidades adjudicantes, aparentemente em face de uma certa incompatibilidade com as exigências próprias do Direito Administrativo e a *indução* de um efeito restritivo da tutela indemnizatória dos administrados[31]. Supomos, porém, que essa crítica só pode ser entendida à luz da *aceção* em que a própria jurisprudência tradicional dos tribunais administrativos, a que já acima fizemos referência, tem tomado aquele instituto e a disciplina jurídica acolhida no artigo 227º do CC, não procedendo em face de uma adequada compreensão desta matéria, à luz da melhor doutrina civilista (conforme se expõe em seguida).

[30] Cf. seção 4.1. *infra*.

[31] Cf. Vera Eiró, *A Obrigação de Indemnizar das Entidades Adjudicantes*, Coimbra, 2013, pp. 617-618, e Pedro Fernández Sánchez, *loc. cit.*, p. 858.

Com efeito, o artigo 227º do CC não impõe qualquer limitação legal do âmbito do dano indemnizável ao interesse contratual negativo, ao contrário do que sucede, por exemplo, em face do artigo 1338º do CCI, onde se determina que determina que a parte que conheça uma causa de invalidade do contrato e não informe a outra é obrigada "a risarcire il danno da questa risentito per avere confidato, senza sua colpa, nella validità del contratto", o que tem sido entendido como uma limitação *ex lege* do dano indemnizável.

E, da perspetiva da desejável coerência e unidade do sistema jurídico, não vemos nenhuma vantagem em *descartar* as virtualidades oferecidas pela dogmática civilística solidamente construída em torno do instituto da *culpa in contrahendo*, desde que observadas as exigências advenientes do Direito europeu em matéria de contratação pública[32].

III. Assim, e como já referido, a *culpa in contrahendo* encontra-se consagrada, entre nós, no artigo 227º do CC, cujo nº 1 determina que quem negoceia com outrem para conclusão de um contrato deve proceder segundo as regras da boa fé. Trata-se de uma cláusula geral, de conteúdo indeterminado, a respeito da qual, como previne ANTÓNIO MENEZES CORDEIRO, seria estéril o esforço para "(...) discorrer em termos centrais"[33].

Tendo em conta, todavia, o percurso de evolução histórica e concretização jurisprudencial, pode desdobrar-se, ainda com ANTÓNIO MENEZES CORDEIRO, a aplicação do princípio da boa fé, na fase pré-contratual, no seguinte catálogo de deveres[34]:

a) Deveres de segurança – quem intervenha na preparação e formação de um contrato deve evitar que daí possam advir danos para a pessoa ou o património dos demais intervenientes;

b) Deveres de informação – os intervenientes na preparação e formação de um contrato devem, igualmente, prestar a informação necessária para a concretização do contrato, que pode abranger aspetos atinentes às pessoas dos contratantes, ao objeto do contrato ou ainda a matéria conexa;

[32] Exigências essas que apenas imporão alteração ao regime da *culpa in contrahendo*, quando muito, no que concerne à dispensa do pressuposto da culpa – cf. secção 4.1. e nota 197 *infra*.

[33] In *Tratado de Direito Civil – II*, Parte Geral, 4ª ed., Coimbra, 2014, p. 216.

[34] Cf. *Tratado...*, cit., pp. 216-220, e *Da Boa Fé no Direito Civil*, vol. I, Coimbra, 1984, pp. 546 e ss..

c) Deveres de lealdade – neste plano, a boa fé impõe que, quem negoceie um contrato, não adote condutas aptas a induzir os demais intervenientes em erro ou que se desviem do propósito de obtenção de um consenso e consequente celebração do contrato.

Embora este catálogo de deveres pré-contratuais tenda a ser aceite, generalizadamente, pela doutrina da especialidade e pela jurisprudência dos tribunais superiores, os respetivos conteúdo e intensidade, bem como as consequências jurídicas da sua violação, dependem ainda das situações concretas ou típicas consideradas.

IV. Central, na temática da *culpa in contrahendo*, é o conflito entre a liberdade de (não) contratar, que é uma emanação da autonomia privada (cf. artigo 405º do CC), e o dever de lealdade na negociação dos contratos, conflito este donde resulta que "(...) a interrupção de negociações para formação de um contrato é, em princípio, lícita", salvo quando ocorra a frustração por uma das partes da legítima expectativa da outra na conclusão do negócio, em termos considerados desleais[35].

De acordo com o entendimento tradicional, a *culpa in contrahendo*, em caso de rutura das negociações, constitui uma situação típica de responsabilidade pela confiança, que a doutrina faz depender da verificação cumulativa de quatro pressupostos[36]:

a) Uma situação de confiança efetiva do lesado;
b) Que essa situação de confiança seja imputável à contraparte – ou, mais amplamente, ao lesante –, em termos justificados face aos dados objetivos;
c) Um investimento de confiança, isto é, a prática de atos externos, juridicamente relevantes, decorrente da confiança gerada;
d) A boa fé de quem confiou, entendida na perspetiva objetiva e também subjetiva, ou seja, como convicção genuína de quem confiou e, simultaneamente, como cumprimento pelo lesado dos deveres pré-contratuais que sobre si próprio impendiam.

[35] Cf. Carlos Ferreira de Almeida, *Contratos I – Conceitos, Fontes, Formação*, 6ª ed, Coimbra, 2017, p. 238.

[36] Cf. Carlos Ferreira de Almeida (*ob. cit.*, p. 241) e Baptista Machado (cf. "Tutela da confiança e "venire contra factum proprium"", in *Obra Dispersa – I*, Braga, 1991, pp. 415-419).

Tratando-se de uma situação típica de responsabilidade pela confiança, a rutura injustificada de negociações permitiria obter apenas uma "(...) indemnização que visa colocar o lesado na situação em que estaria se não tivesse acreditado, sem culpa, na boa fé ou atuação correta da contraparte"[37], o que usualmente se traduz pela expressão *dano negativo* ou *de confiança*. Tal indemnização pode não só abranger os danos emergentes, como ainda os lucros cessantes, ou seja, as vantagens que o lesado deixou de auferir "(...) porque não celebrou outros negócios que dependiam da conclusão do que se frustrou ou porque a expectativa deste desviou a sua atividade de outras direções possíveis"[38].

V. Aparentemente, portanto, a responsabilidade pela confiança não deve abranger as vantagens que ao lesado adviriam da execução do contrato cuja celebração se frustrou – o chamado interesse contratual positivo –, corroborando, assim, a posição tradicionalmente adotada pela jurisprudência dos nossos tribunais administrativos sobre o âmbito do dano indemnizável em caso de preterição ilícita de um concorrente em concurso público.

No entanto, salvo o devido respeito, não nos parece que tal entendimento possa ser aceite apenas por força da tradição ou de uma apriorística inclinação para a limitação do dano indemnizável, em especial quando o responsável pela indemnização é uma entidade pública. É que não pode albergar-se tal limitação no artigo 227º, nº 2, do CC, nem nos artigos 562º e ss. do mesmo código, que regulam a obrigação de indemnização independentemente da modalidade de responsabilidade civil de que ela emerge.

Como, de resto, ensinavam já Pires de Lima/Antunes Varela, no domínio da *culpa in contrahendo*, "a responsabilidade em que incorre o faltoso obrigá-lo-á, em regra, a indemnizar o interesse negativo (ou de confiança) da outra parte, por modo a colocar esta na situação em que ela se encontraria, se o negócio não tivesse sido efetuado. Mas pode, excecionalmente, se a conduta culposa da parte consistir na violação do dever de conclusão do negócio, a sua responsabilidade tender para a cobertura do interesse positivo (ou de cumprimento) (...)"[39].

[37] Cf. Almeida Costa, *Direito das Obrigações*, 12ª ed., Coimbra, 2009, p. 310.

[38] *Ibidem*.

[39] In *Código Civil Anotado*, vol. I, 4ª ed., Coimbra, 1987, p. 216.

VI. Desenvolvendo, em novos moldes – e com notável fôlego –, o critério já assinalado pelos citados Mestres de Coimbra, PAULO MOTA PINTO veio, na sua dissertação de doutoramento, enfatizar a necessidade de destrinça tipológica entre as diversas situações aglutinadas sob o instituto – apenas aparentemente uniforme – da *culpa in contrahendo*: "afigura-se, assim, mais útil para os nossos propósitos adotar uma classificação das hipóteses de responsabilidade pré-contratual que atenda ao evento danoso – ou, na expressão do artigo 562º ao definir o princípio geral em matéria de obrigação de indemnização, ao «evento que obriga à reparação». Ora, nos casos de responsabilidade pré-contratual, este evento é a violação de um dever pré-contratual, ou a criação de confiança e/ou a sua frustração (alternativa, esta última, cuja exata dilucidação se afigura cheia de consequências para a distinção entre a indemnização pelo interesse positivo ou pelo interesse negativo). Correspondentemente, o lesado deve ser colocado, nos termos do artigo 562º, na situação em que estaria se não tivesse sido violado o dever pré-contratual ou não tivesse sido criada (e/ou frustrada) a sua confiança, sendo, pois, hipotizável, segundo as regras gerais e consoante o curso hipotético dos acontecimentos, que a indemnização se refira quer ao interesse negativo, quer ao interesse positivo"[40].

Desta posição de princípio, há que retirar, pois, ilações para os diversos grupos de casos. Assim, a respeito da rutura de negociações, PAULO MOTA PINTO reconhece que "(...) o comportamento que conduz à indemnização é apenas a criação da confiança, e não a violação de qualquer dever de contratar ou a própria rutura", pelo que a indemnização corresponderá aí, em princípio, ao interesse contratual negativo[41]. Aplicando ainda o mesmo critério aos casos de violação das regras de concursos para a celebração de um contrato, e estando em causa a adjudicação ilícita a outro concorrente, ou mesmo a sua revogação ilícita, o Autor assinala a necessidade de "(...) delimitar ainda as hipóteses consoante o autor do concurso estava já vinculado pelas regras deste a celebrar o contrato (pois o anúncio continha uma verdadeira proposta) ou se tratava de um mero convite a contratar (...)"[42].

[40] In *Interesse Contratual Negativo e Interesse Contratual Positivo*, Coimbra, 2009, pp. 1191-1192.

[41] *Ibidem*, p. 1345. O Autor, todavia, admite situações excecionais em que "(...) a vinculação pré-contratual se tenha densificado já ao ponto de ter surgido um verdadeiro dever de conclusão do contrato (...)", caso em que será indemnizável o interesse contratual positivo (*ibidem*, p. 1347).

[42] *Ibidem*, p. 1357.

É certo que, no trecho citado, PAULO MOTA PINTO se refere, fundamentalmente, aos concursos de direito privado, mas da posição então expendida pelo Autor desde logo resulta a consequência de a indemnização ter como medida o interesse (positivo) na celebração e execução do contrato, desde que o evento lesivo consubstancie a violação de um dever de cuja observância tivesse resultado a celebração do contrato com o lesado, nos termos gerais do artigo 562º do CC.

Aliás, noutro local – versando diretamente sobre casos de contratação pública –, PAULO MOTA PINTO não deixa de reconhecer que, "(...) quando o prejuízo alegado decorre de o lesado não ter vencido o concurso (adjudicação ilícita a outro concorrente) ou de aquele ter sido ilegitimamente revogado (revogação ilícita)", se suscita, realmente, "(...) o problema das condições para a exigência, pelo lesado, de uma indemnização correspondente ao interesse contratual positivo, no que, pensamos, não é mais do que uma aplicação do critério (que vale para a medida da responsabilidade no caso de não conclusão do contrato em geral) da existência de um dever de conclusão"[43].

VII. Conforme se expôs acima, não é questionável a existência, em geral, de um dever de celebrar o contrato, ou seja, um dever de prosseguir o procedimento pré-contratual e de escolher a melhor proposta com vista à celebração do contrato, conquanto essa proposta não se situe aquém dos patamares de exigência previamente fixados pela própria entidade adjudicante.

Assim, a boa orientação vai no sentido de afirmar o direito do concorrente preterido a uma indemnização pelo interesse contratual positivo, desde que, naturalmente, se achem satisfeitos os respetivos pressupostos e, em especial, o nexo de causalidade entre o ilícito e o dano[44].

No entanto, se a conformação destes dois pressupostos da responsabilidade civil já suscita, em geral, dificuldades consideráveis, tais dificuldades exacerbam-se ainda no domínio da contratação pública e da responsabilidade civil das entidades adjudicantes. Em seguida, percorreremos, pois, os

[43] In "Responsabilidade por violação de regras de concurso para celebração de um contrato (em especial o cálculo da indemnização)", in *Estudos de Contratação Pública – II* (coord. PEDRO GONÇALVES), Coimbra, 2010, pp. 288-289.

[44] Cf., por todos, MÁRIO AROSO DE ALMEIDA, *Teoria Geral do Direito Administrativo*, 4ª ed., Coimbra, 2017, pp. 530-532.

contornos do dano e do nexo de causalidade no nosso ordenamento jurídico – que constituem a matriz desses mesmos pressupostos também no âmbito do RRCEE –, procurando também clarificar o sentido, a conformação e os termos do recurso à figura da perda de chance, após o que aprofundaremos a análise no plano da responsabilidade das entidades adjudicantes.

§2º
Dano e nexo de causalidade

2.1. O dano

I. No ordenamento jurídico português, a identificação de um dano constitui pressuposto indeclinável de toda a responsabilidade civil. Com efeito, conforme resulta das normas fundadoras da nossa lei civil – cf. artigos 483º, nº 1, 798º, 227º, nº 1, e 562º do CC –, a obrigação de indemnizar pressupõe sempre a existência de um dano ou prejuízo. Tal exigência é um corolário da subordinação da função preventiva ou sancionatória da responsabilidade civil à sua função ressarcitória, segundo o entendimento normalmente adotado[45].

Todavia, acertadamente, a lei civil não consagra uma noção ou definição legal de dano. E, no domínio da responsabilidade pelo exercício da atividade administrativa – como aquela aqui em apreço –, não se introduz qualquer especialidade ou restrição à determinação do dano indemnizável, prescrevendo o nº 3 do artigo 3º do RRCEE que a responsabilidade emergente desse diploma legal "(...) compreende os danos patrimoniais e não patrimoniais, bem como os danos já produzidos e os danos futuros, nos termos gerais de direito". Como assinala, aliás, FILIPA CALVÃO, o apelo aos termos gerais de direito "(...) parece remeter-nos para os artigos do Código Civil que definem um conjunto de regras de aplicação geral a toda a responsabilidade civil, por ser aí que o instituto está mais e há mais tempo regulado"[46].

[45] Neste sentido, entre outros, *vide* ANTUNES VARELA, Das Obrigações em Geral, vol. I, 10ª ed., Coimbra, 2000, p. 526 e p. 597, e ALMEIDA COSTA, *Direito das Obrigações*, cit., pp. 590-591.

[46] Cf. *Comentário ao Regime da Responsabilidade Civil Extracontratual do Estado e Demais Entidades Públicas*, AA.VV., Lisboa, 2013, anotação *sub* artigo 3º, p. 92.

Na doutrina civilista, por sua vez, a noção de dano é apresentada como "(...) toda a ofensa de bens ou interesses alheios protegidos pela ordem jurídica (...)" – segundo a lição de ALMEIDA COSTA[47], que tende a assimilar o dano e a lesão –, ou como a "(...) frustração de uma utilidade que era objeto de tutela jurídica", na formulação de LUÍS MENEZES LEITÃO[48].

II. A virtualidade explicativa das noções sintéticas de dano não é grande. O conceito de prejuízo tende, por isso, a ser apresentado compreensivamente, quer na lei, quer na doutrina, com recurso a diferentes classificações ou categorias, competindo passar abreviadamente em revista as que se revestem de interesse para a nossa análise[49].

Assim, e em primeiro lugar, a doutrina distingue o dano real do dano patrimonial[50]: o primeiro termo da distinção corresponde à "(...) perda *in natura* que o lesado sofreu (...)" ou à "(...) lesão causada no interesse juridicamente tutelado (...)" e o segundo traduz o "(...) reflexo do dano real sobre a situação patrimonial do lesado"[51], avaliado segundo a chamada teoria da diferença[52] (cf. artigo 566º, nº 2, do CC). O nosso sistema espelha uma preferência de princípio pela indemnização do dano real, a ressarcir por via da reconstituição natural ou de indemnização específica (cf. artigos 562º e 566º, nº 1, do CC). O dano patrimonial é ressarcido, por sua vez, por via da indemnização em dinheiro (cf. artigo 566º, nº 1, do CC).

[47] Cf. *Direitos das Obrigações*, cit., p. 591.

[48] Cf. *Direito das Obrigações*, vol. I, 15ª ed., Coimbra, 2018, p. 329.

[49] Para além das que optamos por referir aqui, é ainda usual a distinção, designadamente na prática contratual de matriz anglo-saxónica, entre os danos diretos e os danos indiretos. Esta distinção tem como critério a forma como o dano se relaciona com o facto lesivo, se de forma imediata ou apenas mediata – a destrinça, porém, não tem, em princípio, consequências de regime, dado que o nosso sistema de responsabilidade civil não acolhe a distinção (cf. artigo 563º do CC).

[50] O dano patrimonial é também designado, por alguma doutrina, como dano de cálculo (cf. ALMEIDA COSTA, *Direito das Obrigações*, cit., pp. 595-596). LUÍS MENEZES LEITÃO refere-se, por sua vez, a dano em sentido patrimonial (por oposição a dano em sentido real), expressão que tem a vantagem de também não se confundir com o dano patrimonial, na aceção a que fazemos referência no texto adiante (cf. *Direito das Obrigações*, vol. I, cit., p. 330).

[51] Cf. ANTUNES VARELA, *Direito das Obrigações*, vol. I, cit., p. 598.

[52] No essencial, resulta desta teoria que a medida da indemnização é determinada pela diferença entre a situação efetiva do lesado subsequente à verificação do ilícito e a situação atual hipotética em que o mesmo se encontraria se o ilícito não tivesse ocorrido.

Em segundo lugar, a própria lei acolhe, embora em termos algo imperfeitos (cf. artigo 564º, nº 1, do CC)[53], a distinção entre o dano emergente e o lucro cessante, entendendo-se como tal, respetivamente, "(...) o prejuízo causado nos bens ou nos direitos já existentes na titularidade do lesado à data da lesão" e "(...) os benefícios que o lesado deixou de obter por causa do facto ilícito, mas a que ainda não tinha direito à data da lesão"[54]. Não obstante as diferenças que podem resultar do funcionamento do sistema quanto à determinação e indemnização dos lucros cessantes[55], esta dicotomia tem, sobretudo, o sentido de afirmar a ressarcibilidade de todos os danos juridicamente relevantes e de oferecer ao intérprete uma visão descritiva dos mesmos.

Em terceiro lugar, deve ter-se em linha de conta também a distinção entre os danos presentes e os danos futuros, "(...) consoante se tenham já verificado ou não no momento que se considera, designadamente à data da fixação da indemnização"[56]. Também esta dicotomia se encontra subjacente à regulação legal, determinando o artigo 564º, nº 2, do CC, que o tribunal pode atender aos danos futuros, desde que sejam previsíveis, devendo remeter-se a fixação da respetiva indemnização para decisão ulterior, quando o seu montante não seja desde logo determinável.

Em quarto lugar, importa ter presente a distinção entre danos patrimoniais e danos não patrimoniais, consistindo os primeiros nos "(...) prejuízos que, sendo suscetíveis de avaliação pecuniária, podem ser reparados ou indemnizados (...)", seja por via de indemnização especifica, seja por via

[53] A imperfeição decorre da circunstância de a lei se referir ao dano emergente, algo eliptícamente, como o prejuízo causado, posto que "(...) os lucros cessantes também representam um prejuízo e um prejuízo causado (...)", tendo esta expressão "(...) latitude suficiente para abranger todos os danos (...)" – cf. GALVÃO TELLES, *Direito das Obrigações*, 7ª ed., Coimbra, 1997, p. 377, e LUÍS MENEZES LEITÃO, *Direito das Obrigações*, vol. I, cit., p. 331. O atual CC parece, portanto, dar continuidade, nalguma medida, ao vício de que padecia já o Código de Seabra, ao referir-se, sistematicamente, a perdas e danos (cf. artigos 706º e ss. daquele Código), contrapondo expressões sinónimas.

[54] Cf. ANTUNES VARELA, *Direito das Obrigações*, vol. I, cit., p. 599.

[55] Referimo-nos, em especial, a uma menor exigência na aferição do nexo de causalidade, tendo em conta a incontornável aleatoriedade da vida e a circunstância de os lucros cessantes se apresentarem frequentemente como danos futuros, e à utilidade de que, pelas mesmas razões, se reveste o recurso à equidade na determinação do *quantum* indemnizatório neste tipo de danos (cf. artigo 566º, nº 3, do CC).

[56] Cf. ALMEIDA COSTA, *Direito das Obrigações*, cit., p. 597.

de indemnização por equivalente, e traduzindo os segundos os prejuízos insuscetíveis de avaliação pecuniária, "(...) porque atingem bens (como a saúde, o bem estar, a liberdade, a beleza, a perfeição física, a honra ou o bom nome) que não integram o património do lesado (...)"[57]. A admissibilidade do ressarcimento dos danos não patrimoniais encontra-se estabelecida, entre nós, com carácter geral, no artigo 496º, nº 1, do CC, ao determinar que "(...) na fixação da indemnização deve atender-se aos danos não patrimoniais que, pela sua gravidade, mereçam a tutela do direito"[58]. O montante dessa indemnização é fixado, por sua vez, com recurso à equidade, nos termos dos artigos 496º, nº 3, e 494º, do CC, tendo em atenção o grau de culpabilidade do agente, a situação económica deste e do lesado e as demais circunstâncias do caso[59].

Em quinto e último lugar, embora não vertida no texto da lei, deve ainda atender-se à distinção entre o interesse contratual positivo e o interesse contratual negativo – a que já acima aludimos –, sendo que o primeiro "(...) destina-se a colocar o lesado na situação em que se encontraria se o contrato fosse exatamente cumprido (...)" e o segundo "(...) tende a repor o lesado na situação em que estaria se não houvesse celebrado o contrato, ou mesmo iniciado as negociações com vista à respetiva conclusão"[60]. Esta distinção, todavia, tem aplicação apenas nos domínios da responsabilidade contratual e pré-contratual, como é normalmente entendido e foi corroborado por Paulo Mota Pinto[61].

[57] Cf. Antunes Varela, *Das Obrigações em Geral*, vol. I, cit., pp. 600-601.

[58] Dada a sua inserção sistemática, porém, é controversa a aplicação do preceito em causa à responsabilidade obrigacional – em sentido favorável, *vide* Galvão Telles, *Direito das Obrigações*, cit., pp. 385-386, Almeida Costa, *Direito das Obrigações*, cit., p. 603, e Luís Menezes Leitão, *Direito das Obrigações*, vol. I, cit., p. 335; em sentido contrário, *vide* Antunes Varela, *Das Obrigações em Geral*, vol. I, cit., p. 605.

[59] A indemnização por danos não patrimoniais é normalmente entendida como expressão da função também punitiva ou sancionatória da responsabilidade civil – *vide*, neste sentido, Antunes Varela, *Das Obrigações em Geral*, vol. I, cit., p. 608, e Luís Menezes Leitão, *Direito das Obrigações*, vol. I, cit., p. 336, que refere estar em causa uma "(...) pena privada, estabelecida no interesse da vítima, por forma a desagravá-la do comportamento do lesante".

[60] Cf. Almeida Costa, *Direito das Obrigações*, cit., p. 598. Sobre o tema, cf., em especial, Paulo Mota Pinto, *Interesse Contratual...*, cit., *maxime* pp. 871 e ss.

[61] Cf. *Interesse Contratual...*, cit., p. 909.

III. Apreciadas as principais categorias em que a noção de dano é normalmente desdobrada, torna-se evidente, em especial, a dificuldade de destrinça entre o dano emergente e o lucro cessante, destrinça que se suscita com acuidade em situações de charneira e, nomeadamente, a respeito da responsabilidade pela perda de chance.

Na prática, esta dificuldade é adensada pela circunstância de o artigo 564º, nº 1, do CC não oferecer uma orientação clara a este respeito. Ponto assente deve ser, em qualquer caso, a rejeição de um critério puramente económico, dado que, como assinala PAULO MOTA PINTO, conduziria a "(...) um alargamento da noção de dano emergente de forma a incluir todas as utilidades futuras e simples expectativas de aquisição, para além de não parecer suficientemente seguro (...)"[62].

Assim, a qualificação de um dano como emergente, segundo o entendimento habitualmente adotado entre nós, depende de saber se são atingidos bens ou direitos "(...) já existentes na titularidade do lesado à data da lesão"[63].

Ora, um dos requisitos normalmente exigidos para a determinação das relações ou situações jurídicas que integram o património de um certo sujeito é a sua suscetibilidade de avaliação pecuniária. Tal suscetibilidade resulta, segundo a orientação dominante, ou do "(...) valor de troca do direito, por este ser alienável mediante uma contraprestação (...)", ou do respetivo "(...) valor de uso, traduzido em o direito, não sendo embora permutável, proporcionar o gozo de um bem, material ou ideal, que só se obtém mediante uma despesa"[64].

Sucede, porém, que tais critérios também nem sempre são de aplicação linear ou facilmente operacionalizáveis, uma vez que a ideia de um *valor* de troca ou de uso se traduz, apesar de tudo, na incorporação de uma dimensão extrajurídica. Em todo o caso, e no que ao dano de

[62] Cf. *Interesse Contratual...*, cit., p. 1089.

[63] Cf. ANTUNES VARELA, *Das Obrigações em Geral*, vol. I, cit., p. 599. Também assim, mais recentemente, PAULO MOTA PINTO, *Interesse Contratual...*, cit., pp. 1089-1090.

[64] Cf. CARLOS DA MOTA PINTO, *Teoria Geral do Direito Civil*, 4ª ed. (por ANTÓNIO PINTO MONTEIRO/PAULO MOTA PINTO), Coimbra, 2005, p. 345. A admissibilidade do valor de uso como critério para a integração de uma dada situação jurídica no património constitui uma evolução face ao entendimento expresso pelos autores mais antigos, segundo o qual "(...) só entram no conceito de património aqueles direitos que, sendo de natureza patrimonial, isto é, avaliáveis em dinheiro, sejam também transmissíveis" – cf. LUÍS CABRAL DE MONCADA, *Lições de Direito Civil*, 4ª ed., Coimbra, 1995 (reimp.), p. 79.

perda de chance respeita, pode, desde já, adiantar-se que esses mesmos critérios não se conciliam facilmente com a respetiva qualificação como dano patrimonial autónomo, nomeadamente no âmbito da responsabilidade civil pré-contratual das entidades adjudicantes. Estando, obviamente, excluída a hipótese de atribuir um valor de uso à perda de chance de ganho num procedimento adjudicatório público, também não parece que deva reconhecer-se-lhe um valor de troca, suscetível de ser determinado segundo as regras a que obedece o normal funcionamento de um mercado[65].

2.2. O nexo de causalidade

I. O nexo de causalidade constitui também um dos pressupostos da responsabilidade civil, refletido nas diferentes previsões de responsabilidade no nosso ordenamento jurídico: segundo o artigo 483º, nº 1, do CC, a obrigação de indemnizar abrange apenas os danos resultantes da violação; de acordo com os artigos 798º e 227º, nº 1, do mesmo código, a parte num contrato ou nas negociações tendentes à sua celebração deve indemnizar os prejuízos que culposamente causar. Tratando-se de matéria comum às diferentes formas de responsabilidade civil, e de acordo a sistemática adotada pelo CC, encontra-se regulada, com carácter geral, a respeito da obrigação de indemnização e, em particular, no artigo 563º daquele código, não se encontrando norma especial no RRCEE[66].

Constituindo a responsabilidade civil uma técnica de imputação de danos a uma esfera jurídica diferente daquela em que se verificaram e em que deveriam, em princípio, ser suportados – segundo o princípio geral de que cada um corre o risco normal da vida em sociedade –, o nexo de causalidade desempenha a função primordial de selecionar os danos indemnizáveis. Trata-se, portanto, de um elemento que visa satisfazer uma exigência de racionalidade inerente ao instituto da responsabilidade civil, assegurando que entre o facto lesivo e o dano indemnizável se interpõe "(...) um nexo mais apertado do que a simples coincidência ou sucessão

[65] Cf. notas 154 e 163 e, globalmente, o § 3º *infra*.

[66] Remetendo também para o regime consagrado no artigo 563º do CC, no âmbito da responsabilidade civil alicerçada no RRCEE, cf. CARLOS FERNANDES CADILHA, *Regime da Responsabilidade Civil Extracontratual do Estado e Demais Entidades Públicas – Anotado*, 2ª ed., Coimbra, 2011, pp. 96 e ss..

cronológica"[67]. Tal exigência de racionalidade é prosseguida, aliás, pelo nexo de causalidade não só através da seleção dos danos a indemnizar, mas também por via do seu contributo decisivo para a própria definição da medida da obrigação de indemnizar[68].

Sem deixar de ter em conta as especificidades das várias modalidades de responsabilidade civil e a multiplicidade das situações concretas, haverá que delinear, com o apoio da ciência jurídica, os critérios a adotar para a resolução das questões que se colocam neste domínio. Na verdade, o nexo de causalidade ou de imputação objetiva é entendido de forma diversa, segundo as diferentes teorias que, ao longo do tempo, vêm sendo concebidas ou adotadas.

II. Entre essas teorias, conta-se, em primeiro lugar, a da *conditio sine qua non* ou da equivalência das condições, segundo a qual deve ser considerada causa do dano a condição sem cuja verificação aquele não teria ocorrido. Trata-se, naturalmente, de um primeiro passo – e decisivo – na ordenação racional da obrigação de indemnizar, introduzindo um critério lógico de seleção da pluralidade de danos que possam ter ocorrido em momento temporalmente coincidente.

A teoria da equivalência das condições peca, porém, como a própria designação sugere, pela atribuição de idêntica relevância a todas as causas que se tenham constituído como elemento indispensável do processo causal, quando pode suceder que, em face de uma pluralidade de causas assim determinadas, o respetivo contributo para a determinação do dano seja muito diferenciado. Por outras palavras, o método de seleção das causas juridicamente relevantes proposto por esta teoria, assente numa formulação estritamente negativa, acaba por revelar-se grosseira e conduz a um alargamento excessivo da responsabilidade: no limite, a aplicação pura da teria da *conditio sine qua non* teria como consequência a relevância (exclusiva) de causas que, por si só, seriam imprestáveis para a produção do resultado ou dano a indemnizar.

Daí que esta teoria seja recusada, de forma praticamente unânime, no domínio do Direito civil, assinalando ANTUNES VARELA que a mesma espelha um conceito de causalidade "(...) manifestamente vazado nos mol-

[67] Cf. ANTUNES VARELA, *Das Obrigações em Geral*, vol. I, cit., p. 879.

[68] Assinalando este aspeto, *vide* ALMEIDA COSTA, *Direito das Obrigações*, cit., p. 605.

des das ciências naturais, ao gosto da velha escola positivista, sem a menor audiência das finalidades específicas do direito, em geral, e do instituto da responsabilidade civil, em particular"[69].

III. Procurando obviar aos inconvenientes da teoria da equivalência das condições, foram esboçadas, historicamente, diversas vias corretivas, entre as quais avulta a teoria da causalidade adequada, que obteve largo acolhimento na nossa doutrina e jurisprudência. O cerne desta teoria reside no postulado de que "(...) para impor a alguém a obrigação de reparar o dano sofrido por outrem, não basta que o facto praticado pelo agente tenha sido, no caso concreto, condição (s.q.n.) do dano; é necessário ainda que, em abstrato ou em geral, o facto seja uma causa adequada do dano"[70]. Tal teoria tem, assim, o efeito de excluir a qualificação como causa de condições que só por via de um processo anómalo ou inesperado vieram a resultar na produção do dano.

A teoria da causalidade adequada baseia-se, pois, na ideia de que apenas devem ser imputados à pessoa obrigada à indemnização os danos mais distantes, resultantes da ocorrência causadora da responsabilidade, quando os mesmos, no momento do acontecimento do incidente, não pareçam ser completamente improváveis do ponto de vista de um observador experiente. O objetivo desta teoria é excluir a imputação de danos que tenham ocorrido devido a um encadeado de circunstâncias ("Verkettung von Umständen") completamente invulgar e que, do ponto de vista de um observador hipotético, não seriam, de forma alguma, de esperar. Tais consequências extraordinárias não devem ser imputadas à pessoa obrigada à indemnização, mas têm de ser suportadas pelo lesado como danos acidentais ("Zufallsschäden")[71].

Na formação do juízo exigido, relativamente à probabilidade da ocorrência de um tal dano, o perito ou o juiz têm de se colocar na situação exis-

[69] Cf. *Das Obrigações em Geral*, cit., p. 883. No mesmo sentido, *vide* ALMEIDA COSTA, *Direito das Obrigações*, cit., p. 761.

[70] Cf. ANTUNES VARELA, *Das Obrigações em Geral*, vol. I, cit., p. 889. Conforme explica ainda PESSOA JORGE, a "(...) adequação traduz-se em termos de probabilidade, fundada nos conhecimentos médios (...)" – in *Ensaio sobre os Pressupostos da Responsabilidade Civil*, Coimbra, 1995 (reimp.), p. 392.

[71] Cf. KARL LARENZ, *Lehrbuch des Schuldrechts, I – Allgemeiner Teil*, 14ª ed., Munique, 1987, p. 436.

tente aquando da ocorrência do incidente causador da responsabilidade e tem de levar em conta, não apenas as circunstâncias que eram do conhecimento da pessoa obrigada à indemnização, mas também todas aquelas que poderiam ser conhecidas na altura por um observador experiente ou com a existência das quais este deveria contar, segundo a experiência de vida comum[72].

Como tal, na aplicação da teoria da causalidade adequada é, obviamente, decisiva a medida em que se atribui ao observador *imaginário* o conhecimento de circunstâncias que não eram do conhecimento da pessoa concretamente obrigada à indemnização. É que, quanto maior for a medida do conhecimento atribuído ao observador *imaginário*, mais se estende o âmbito das consequências tidas como adequadas.

IV. Para imputação do dano e à luz desta teoria, é suficiente, em suma, que a respetiva concretização não se encontre fora de toda a probabilidade, mesmo que a sucessão dos acontecimentos que o provocaram seja inusual[73].

A teoria da causalidade adequada comporta, porém, uma formulação positiva e uma versão negativa, mais ampla. Na primeira formulação, apenas constitui causa do dano o facto que, de acordo com o curso normal

[72] Por isso se pode afirmar que a teoria da adequação não constitui uma teoria da *causalidade*, mas antes da *imputação* de consequências danosas com base numa análise valorativa e na avaliação da probabilidade. Entre nós, distanciando-se das teorias sedimentadas em matéria de causalidade, sublinha Ana Mafalda de Miranda Barbosa a exigência de "(...) que se pressuponha a intencionalidade especificamente jurídica, única forma que nos permite aceder à compreensão densificada do fenómeno causal, o que nos leva a concluir que a causalidade há de ser compreendida em termos de imputação" – cf. *Responsabilidade Civil Extracontratual – Novas Perspetivas em Matéria de Nexo de Causalidade*, Cascais, 2014, p. 23. Da mesma Autora, e com abundantes desenvolvimentos, cf. *Do Nexo de Causalidade ao Nexo de Imputação*, 2 vols., Cascais, 2013, *passim*.

[73] Como assinalam Lange/Schiemann, a exclusão da responsabilidade por danos produzidos de forma anómala ou totalmente improvável não opera quando o autor da lesão tenha atuado dolosamente: "Quem pretende ferir uma pessoa com uma arma e acertar, é responsável pelas consequências resultantes, mesmo que a probabilidade de ferir a outra pessoa seja aproximadamente nula, considerando o local do atirador. Isso não se justifica apenas com base no bom senso e convicção comum, mas também pela fundamentação que se encontra na teoria da causalidade adequada. Em geral, a pessoa obrigada à indemnização deveria ser desobrigada da responsabilidade por uma consequência cuja ocorrência seja extremamente imprόvavel, porque não se trata de um acontecimento previsível e influenciável. Se a pessoa obrigada à indemnização pretende a concretização desse incidente improvável, este argumento é nulo" (in *Schadensersatz*, 3ª ed., Tübingen, 2003, p. 96).

dos acontecimentos e a experiência comum da vida, seria apto a produzi-lo. Na segunda formulação, o facto lesivo só deixará de ser considerado causa adequada do dano "(...) quando se mostrar de todo em todo indiferente (...)" para a sua verificação[74].

A doutrina civilista nacional entende, de forma praticamente unânime, que a teoria da causalidade adequada se encontra consagrada no artigo 563º do CC[75].

V. Tal conclusão não pode, porém, acompanhar-se sem uma explicação adicional e sem uma ressalva, dado que, na sua formulação literal, aquele preceito se limita a estatuir que "a obrigação de indemnização só existe em relação aos danos que o lesado provavelmente não teria sofrido se não fosse a lesão". Ao menos *prima facie*, portanto, dir-se-ia que o nosso CC teria consagrado antes a teoria da *conditio sine qua non*, ainda que balizada ou mitigada pela introdução do advérbio *provavelmente*[76].

Torna-se necessário, na verdade, recorrer ao elemento histórico da interpretação jurídica, para alcançar a justificação do entendimento expresso pelos autores. Deve reter-se, pois, que o antecedente legislativo é, neste particular, o artigo 707º do Código de Seabra, segundo o qual "só podem ser tomados em conta de perdas e danos, as perdas e danos, que necessariamente resultam da falta de cumprimento do contrato". Este preceito segue, como é patente, a tradição napoleónica de tratar a causalidade a respeito da responsabilidade contratual, tendo o advérbio necessariamente o sentido de restringir o alcance excessivo da teoria da *conditio sine qua non*. Como assinala, todavia, ANTUNES VARELA, o artigo em causa, se interpretado literalmente, "(...) limitaria a indemnização àqueles danos que constituíssem uma consequência fatal, necessária, inevitável, do não cumprimento

[74] Cf. ANTUNES VARELA, *Das Obrigações em Geral*, vol. I, cit., pp. 890-891.

[75] ALMEIDA COSTA afirma mesmo que se adota, naquele preceito, "(...) com evidência, a doutrina da causalidade adequada" (in *Direito das Obrigações*, cit., p. 766). Concluindo que aquele preceito consagrou a doutrina da causalidade adequada, ainda que com uma formulação não inteiramente feliz, *vide* GALVÃO TELLES, *Direito das Obrigações*, cit., p. 409. Também concluindo no sentido desse consagração, *vide*, ainda, BRANDÃO PROENÇA, *A Conduta do Lesado como Pressuposto e Critério de Imputação do Dano Extracontratual*, Coimbra, 2008, p. 443.

[76] Assinalando este aspeto, *vide* PESSOA JORGE, *Ensaio...*, cit., pp. 408-409, ANTUNES VARELA, *Das Obrigações em Geral*, vol. I, cit., pp. 898-898, e LUÍS MENEZES LEITÃO, *Direito das Obrigações*, vol. I, cit., p. 347.

da obrigação – critério que reduziria injustamente a reparação a cargo do inadimplente a um número reduzidíssimo de prejuízos"[77].

Terá sido por oposição ao advérbio *necessariamente* que veio a ser adotada, sob a influência manifesta do pensamento de PEREIRA COELHO, a fórmula que ficou a constar do artigo 563º, embora tendo em vista a consagração da teoria da causalidade adequada. Com efeito, salientando a importância da finalidade de reconstituição da situação atual hipotética, este último Autor afirmava, já em 1950, que é nela que reside a chave da questão do nexo de causalidade na responsabilidade civil, ficando o lesado "(...) obrigado a reparar aqueles prejuízos que o lesado provavelmente não teria sofrido se não fosse o facto"[78]. Ora, segundo acrescenta ainda PEREIRA COELHO, "(...) isto conduz-nos em linha reta à doutrina chamada da causalidade adequada (...)"[79].

VI. Dada esta explicação, importa ainda deixar aqui a ressalva que nos parece necessária. É que, se a fórmula adotada naquele preceito legal, não é, em si mesma, inequívoca quanto à consagração da doutrina da causalidade adequada, embora se possa ainda entender ter sido essa a intenção do legislador – ou, objetivamente, da lei –, o certo é que não comporta elementos suficientes para se concluir no sentido de uma opção pela formulação positiva ou pela formulação negativa daquela teoria[80].

Daí que os autores tendam a perfilhar uma ou outra daquelas formulações, consoante a natureza da responsabilidade em causa. Assim, perante uma situação de responsabilidade objetiva, tem-se entendido que a formulação positiva da teoria da causalidade adequada se mostra idónea, em geral, para alicerçar a obrigação de indemnizar e para delimitar o âmbito do dano indemnizável[81].

[77] In *Das Obrigações em Geral*, cit., p. 899, nota 2.

[78] In *O Nexo de Causalidade na Responsabilidade Civil* (suplemento ao *BFDUC*), Coimbra, 1950, p. 54. Cf. também p. 178, onde PEREIRA COELHO conclui: "dizendo, porém, o legislador, pelo menos, que os prejuízos causados são aqueles «que o lesado provavelmente não teria sofrido se não fosse a lesão», nós cremos que esta fórmula – deixando nas mãos do julgador a necessária margem de livre apreciação – seria todavia uma luz a aclarar o caminho do intérprete".

[79] *Ibidem*.

[80] Conforme salienta ANTUNES VARELA, "não há nenhuns elementos seguros, nem na letra, nem no espírito da disposição, que indiquem uma opção firme por parte da lei" (in *Das Obrigações em Geral*, vol. I, cit., p. 900).

[81] Cf. ANTUNES VARELA, *Das Obrigações em Geral*, vol. I, cit., pp. 893, e ALMEIDA COSTA, *Direito das Obrigações*, cit., pp. 763-764.

Tratando-se já de uma situação de responsabilidade fundada na culpa, aquela formulação parece, de acordo com o ensinamento dominante, demasiado restritiva e, portanto, é normalmente adotada a formulação negativa da referida teoria, segundo a qual apenas se excluem da obrigação de indemnizar os danos que decorram de um processo causal que se tenha desenvolvido de forma anómala, excecional ou extraordinária: refletem-se aqui as funções preventiva e punitiva acessoriamente prosseguidas pela responsabilidade civil[82].

VII. Segundo uma orientação doutrinária mais recente, a teoria da causalidade adequada nem sempre serve satisfatoriamente o propósito de delimitar a responsabilidade em caso de danos consecutivos ou subsequentes, na medida em que se baseia, pelo menos aparentemente, num critério quantitativo, probabilístico ou estatístico, alheio a considerações valorativas.

Entre os critérios de imputação alternativos ou complementares à teoria da causalidade adequada, merece destaque a teoria, amplamente divulgada na doutrina e na jurisprudência, do escopo de proteção da norma ("Schutzzwecklehre"). Esta teoria pretende diferenciar as consequências imputáveis das não imputáveis, não através de um critério de adequação, mas sim através de uma justificação alicerçada no escopo da proteção da norma suscetível de fundar a responsabilidade ("haftungsbegründende Norm"), ou, em caso da indemnização por responsabilidade contratual, no escopo de proteção dos deveres contratuais violados.

A possibilidade de substituição global da teoria da adequação pela teoria do escopo de proteção da norma é questionável, sendo que a generalidade dos autores reserva a esta última uma função corretiva ou de delimitação das consequências cuja imputação resultaria da mera aplicação da primeira teoria. Neste sentido, refere LARENZ que "os apoiantes dessa doutrina atribuem-lhe, muitas vezes, demasiada importância", embora reconheça que "o escopo de proteção da norma suscetível de fundar a responsabilidade ["haftungsbegründende Norm"] ou a violação de um dever de proteção ["Schutzpflicht"] é de importância essencial para a justificação da respon-

[82] Cf. ANTUNES VARELA, *Das Obrigações em Geral*, vol. I, cit., p. 894 e pp. 900-901, e ALMEIDA COSTA, *Direito das Obrigações*, cit., p. 764.

sabilidade pela lesão e para a imputação das consequências, especialmente no âmbito da responsabilidade pelo risco ["Gefährdungshaftung"][83].

No domínio da responsabilidade contratual, porém, e porque "(...) o círculo dos interesses protegidos por um contrato é, hoje em dia, muito amplo (...)", sucede que, "(...) quando uma parte contratante se tem de responsabilizar perante a outra devido a uma falta de diligência no cumprimento das suas obrigações ou, devido à violação de um dever de proteção ["Schutzpflicht"], frequentemente não se consegue deduzir, desse dever de cuidado ou de proteção ["Sorgfalts- oder Schutzpflicht"], a medida em que a obrigação de indemnização inclui também consequências de danos mais distantes"[84].

Já no domínio da responsabilidade delitual, esta teoria encontraria, segundo LARENZ, aplicação sobretudo na hipótese contemplada no § 823 II BGB, mas, mesmo aí, a delimitação dos danos subsequentes deveria fazer-se segundo a teoria da adequação, quando o âmbito de proteção instituído pela lei não fosse suficientemente claro[85]. E, no que se refere ao § 823 I BGB, importaria ter presente que a lei pretendeu atribuir aos bens e direitos subjetivos aí contemplados a mais ampla proteção possível, pelo que nem sequer "(...) se discute que, em caso de ofensa contra a integridade física ou a saúde, também têm de ser indemnizados os danos patrimoniais provocados segundo um nexo causal adequado. O mesmo se aplica quando um dano patrimonial resulta num dano à integridade física, por exemplo no caso em que alguém parte por imprudência os óculos de uma outra pessoa, que em seguida, e devido à capacidade de visão diminuída, sofre como peão um acidente de viação"[86].

Em síntese, segundo LARENZ – cujo pensamento parece ser seguido pela maioria dos autores portugueses –, a doutrina do escopo de proteção da norma é capaz de resolver, de forma satisfatória, o problema da deli-

[83] LARENZ, *Lehrbuch des Schuldrechts...*, cit., p. 441.

[84] *Ibidem*, p. 442. Como assinalam, todavia, LANGUE/SCHIEMANN, a teoria do escopo de proteção da norma pode ser de grande utilidade nalguns subdomínios da responsabilidade contratual, nomeadamente na responsabilidade civil profissional. Assim, por exemplo, "(...) se um consultor fiscal for consultado para o preenchimento de uma certa declaração de impostos, um erro cometido por ele poderá repetir-se nas declarações seguintes preenchidas apenas pelo cliente. Contudo, não se pode supor que alguém queira assumir a responsabilidade por uma área de risco cuja extensão é imprevisível" – in *Schadensersatz*, 3ª ed., Tübingen, 2003, p. 108.

[85] *Ibidem*, p. 443.

[86] *Ibidem*, p. 444.

mitação dos danos imputáveis à pessoa obrigada à indemnização apenas nalguns casos e não em todos[87].

VIII. Vale a pena assinalar aqui que, sem qualquer ligação com o surgimento e a evolução da teoria em apreço na doutrina alemã, GOMES DA SILVA propôs uma fórmula que comporta alguma similitude com a mesma: "Nisto consiste o nexo de causalidade: um facto diz-se causa dum dano, para efeitos da responsabilidade civil, quando o produz pela forma que a lei tinha em vista ao considerar os factos da mesma espécie fontes de responsabilidade civil. Tudo está em interpretar a lei, determinando qual a razão de ser da responsabilidade, e em averiguar depois se o processo pelo qual um facto produziu certo dano corresponde ao fundamento da mesma responsabilidade"[88].

Todavia, e apesar da notável argúcia de GOMES DA SILVA, ao acentuar a necessidade de um critério normativo de causalidade, o seu pensamento não é inequívoco, nem pode, a nosso ver, sobrepor-se à atual teoria do escopo de proteção da norma. Com efeito, e diferentemente desta última, GOMES DA SILVA coloca o enfoque da normatividade não tanto no dano em si mesmo considerado, mas na forma como este se produz ou no processo causal, como literalmente resulta do trecho citado[89].

E isto não pode equiparar-se, na verdade, à mera *soma* da teoria da *conditio sine qua non* com a delimitação, por via interpretativa, da *zona de proteção* juridicamente assegurada.

[87] Em sentido tendencialmente coincidente, LANGUE/SCHIEMANN assinalam que "(...) a doutrina do escopo de proteção não é capaz de substituir completamente a teoria da causalidade adequada, a não ser que se pretenda amplificar muito a sua área de aplicação", nomeadamente através da incorporação de elementos estruturais, entre os quais "(...) o princípio da compensação ["Ausgleichsprinzip"], as considerações relativas a uma distribuição justa de risco e, além disso, o sentido e o efeito do Direito da responsabilidade ["Haftungsrecht"]", conduzindo a um âmbito de aplicação alargado mas que "(...) contém o risco de justificações fictícias ["Scheinbegründungen"] e o risco de uma determinação irracional do escopo de proteção (...)" – in *Schadensersatz*, cit., p. 127.

[88] In *O Dever de Prestar e o Dever de Indemnizar*, vol. I, Lisboa, 1944, p. 149.

[89] Mais claramente ainda, noutra passagem, explicava GOMES DA SILVA: "(...) só consideramos existente o nexo de causalidade quando, num caso concreto, o dano foi produzido por todos os fatores de que, em abstrato, a lei deduz a responsabilidade, e produzido pelo processo que a lei tem em vista" – cf. *O Dever de Prestar e o Dever de Indemnizar*, cit., pp. 150-151.

IX. No que respeita, propriamente, à teoria do âmbito de proteção da norma, a mesma tem encontrado entre nós uma receção bastante limitada e crítica, com exceção das posições adotadas por LUÍS MENEZES LEITÃO[90] e ANTÓNIO MENEZES CORDEIRO[91].

De acordo com a posição de ANTUNES VARELA, esta teoria tem uma utilidade apenas marginal ou ancilar, "(...) na resolução das dúvidas suscitadas quanto à existência, em algumas espécies, quer da ilicitude, quer do nexo de causalidade", sendo inviável a substituição global da teoria da causalidade adequada por esta doutrina[92]. Segundo explica o Autor, os fundamentos dessa recusa variam consoante o tipo de responsabilidade em causa: na responsabilidade obrigacional, a inviabilidade do recurso à teoria do escopo de proteção da norma violada deve-se à impossibilidade prática de determinar o âmbito do dano indemnizável pela metodologia subjacente, quando esteja em causa a violação de deveres acessórios; na

[90] LUÍS MENEZES LEITÃO entende ser esta a "(...) melhor forma de determinação do nexo de causalidade" (cf. *Direito das Obrigações*, vol. I, cit., p. 347), embora considere, por outro lado, que o artigo 563º do CC exprime "(...) a consagração da teoria da causalidade adequada" (*ibidem*).

[91] A adesão à teoria do escopo de proteção da norma violada representa uma evolução do pensamento de ANTÓNIO MENEZES CORDEIRO (cf. *Da Responsabilidade Civil dos Administradores das Sociedades Comerciais*, Lisboa, 1997, pp. 532 e ss.), que havia anteriormente procurado ultrapassar as limitações inerentes à causalidade adequada por via da doutrina da ação final, ou seja, colocando o enfoque não na verificação do dano ou na sua cobertura normativa, mas na ilicitude da própria conduta e da finalidade pela mesma prosseguida (cf. *Direito das Obrigações*, 2º vol., Lisboa, 1980, pp. 336 e ss.). O pensamento do Autor parece hoje ter evoluído no sentido de uma cumulação destas várias dimensões para aferição da causalidade enquanto pressuposto da responsabilidade civil, mantendo, mas também relativizando, cada uma delas. É o que se depreende da síntese segundo a qual causalidade se desenvolve em quatro tempos, a saber: (i) *conditio sine qua non*; (ii) adequação, em termos de normalidade social, ou (iii) *causação* pelo agente, para produzir o seu fim; e (iv) consonância com os valores tutelados pela norma violada – cf. *Tratado de Direito Civil VIII – Direito das Obrigações*, Coimbra, 2016 (reimp.), p. 550.

[92] Cf. *Das Obrigações em Geral*, vol. I, cit., p. 902. Acompanhando o ceticismo dominante na nossa doutrina tradicional, SINDE MONTEIRO salienta que as teorias da adequação e do âmbito de proteção da norma perspetivam a causalidade de pontos de vista diferentes e que, como tal, não se excluem reciprocamente, parecendo "(...) razoável, em tese geral, a utilização, um ao lado do outro, de ambos os critérios" e oferecendo a última daquelas teorias "(...) uma via salutar para a resolução de questões que só forçadamente receberão solução convincente naqueloutro enquadramento" – in *Responsabilidade por Conselhos, Recomendações ou Informações*, Coimbra, 1989, pp. 271-272. Também reconhecendo à teoria do âmbito de proteção da norma uma função meramente complementar, e não substitutiva da teoria da causalidade adequada, no domínio da culpa do lesado, *vide* BRANDÃO PROENÇA, *A Conduta do Lesado...*, cit., pp. 454-456.

responsabilidade delitual emergente da segunda parte do artigo 483º, nº 1, do CC, essa inviabilidade resulta já da inexistência de ilicitude, quando não sejam violados os interesses tutelados pela norma em causa; finalmente, na responsabilidade delitual emergente da violação de direitos subjetivos (cf. artigo 483º, nº 1, 1ª parte, do CC), a mera verificação da coincidência entre o bem ou o interesse tutelado e o dano não é suficiente para delimitar o âmbito dos danos indemnizáveis[93].

Também ALMEIDA COSTA repudia a determinação do âmbito dos danos indemnizáveis com recurso à teoria do âmbito de proteção da norma, embora distinguindo a responsabilidade objetiva da responsabilidade subjetiva: no primeiro caso, a teoria em apreço teria particular relevo na determinação do nexo de causalidade entre o facto e a lesão, ainda que os danos a indemnizar já devessem ser delimitados com o subsequente recurso (corretivo) à teoria da causalidade adequada; no segundo caso, não se justificaria, simplesmente, o recurso à teoria do âmbito de proteção da norma, funcionando "(...) em pleno os pressupostos clássicos da responsabilidade civil"[94].

Mais recentemente, PAULO MOTA PINTO tomou, igualmente, posição no sentido de que "(...) é justificada a rejeição de uma total substituição (ou alegada «superação») da doutrina da causalidade adequada pela consideração do «escopo da norma» de responsabilidade (...)"[95].

X. Em síntese, pode dizer-se que a doutrina do escopo de proteção da norma constitui um bom contributo para a determinação, nalgumas espécies de responsabilidade, do nexo de causalidade ou da imputação objetiva, em especial nos domínios da responsabilidade delitual fundada na violação de disposições legais de proteção (cf. artigo 483º, nº 1, 2ª parte, do CC)[96], na responsabilidade civil objetiva e em face de previsões legais específicas de responsabilidade civil.

[93] Cf. *Das Obrigações em Geral*, vol. I, cit., pp. 902-903.

[94] Cf. *Direito das Obrigações*, cit., pp. 764-765 e nota 2.

[95] Cf. *Interesse Contratual ...*, cit., p. 943.

[96] Mesmo quanto a estas, porém, e embora reconhecendo que, como resultado do processo interpretativo, "(...) o fim de proteção da norma pode abranger a reparação de danos inadequados (...)", SINDE MONTEIRO recusa que se possa prescindir, em absoluto, da noção de adequação e afirma que, no mínimo, tal critério "(...) servirá de auxiliar indispensável para a interpretação do fim da norma, não devendo na dúvida aceitar-se que por ele sejam abrangidas consequências atípicas ou extraordinárias (...)" – in *Responsabilidade por Conselhos...*, cit., p. 280.

Todavia, não parece que possa vislumbrar-se nesta teoria uma noção uniforme e sempre válida daquele pressuposto da responsabilidade civil, aceitável sem uma reconstrução dogmática do sistema em que esta assenta, de modo a acomodar elementos subjetivos sempre indispensáveis à imputação do resultado ou do dano ao agente. Acantonada no horizonte de aplicação aqui delineado, a teoria em apreço oferece, ainda assim, um auxílio útil no estabelecimento do nexo de causalidade – ou da imputação objetiva – e na delimitação do dano indemnizável, em termos que não contendem com a fórmula de aplicação geral fixada no artigo 563º do CC.

Em todo o caso, do excurso pelas diversas teorias delineadas a respeito do pressuposto da causalidade, tornam-se igualmente bem evidentes as dificuldades de ordenação dogmática de figuras de charneira – com destaque, uma vez mais, para o dano de perda de chance –, uma vez que, de uma forma ou de outra, todas essas teorias parecem assentar e destinar-se a modelar ou corrigir o critério da *conditio sine qua non*. E a perda de chance, como em seguida mais facilmente se compreenderá, tem o seu âmbito de aplicação próprio nas situações de incerteza quanto à *indispensabilidade* do evento para a produção do resultado danoso.

§3º
A figura da perda de chance

3.1. Enquadramento

I. A doutrina portuguesa tem adotado uma posição tendencialmente desfavorável ao ressarcimento da perda de chance enquanto dano emergente autónomo[97].

[97] Cabe referir que RUTE TEIXEIRA PEDRO, no domínio da responsabilidade civil por ato médico, sustenta que a ideia de perda de chance apresenta virtualidades importantes, permitindo ultrapassar a lógica binária do "tudo ou nada" na responsabilidade civil, e que "(...) o acolhimento da mesma, no nosso ordenamento – tal como acontece em ordenamentos próximos, em que a sua aplicação tem sido equacionada – em geral, e no domínio da responsabilidade do médico em particular, depende da sua consideração como uma espécie de dano. Tratar-se-á, assim, de um dano que apresenta a peculiaridade de se reportar à lesão de uma entidade que se caracteriza por uma aleatoriedade intrínseca – a chance" – cf. *A Responsabilidade Civil do Médico – Reflexões Sobre a Noção da Perda de Chance e a Tutela do Doente Lesado*, Coimbra, 2008, pp. 179 e ss. No essencial, RUTE TEIXEIRA PEDRO entende que "(...) contra a admissão da perda de chance, como uma espécie autónoma de dano, não há nenhum argumento decisivo. Entre nós, ele poderá ser aceite, respeitado que é o esquema tradicional da responsabilidade civil (...)" – *ibidem*, p. 463 –, embora reconheça também que "(...) o carácter instrumental do elemento intermédio – chance – face ao elemento final (resultado) refletir-se-á necessariamente no ressarcimento do malogro daquele –, quer no que respeita à determinação do quantum reparatório devido (que constituirá um menos face ao ressarcimento da perda do resultado), quer no que concerne ao *an* dessa reparação (que só deve ocorrer, na falta de reparação da perda do resultado)" – *ibidem*, p. 460. No entanto, fora do âmbito da responsabilidade por ato médico, em que a ressarcibilidade da perda de chance pode encontrar arrimo dogmático específico – sobre esta matéria, pode ver-se, da nossa autoria, "A perda de chance na responsabilidade civil por ato médico", in *RDC*, II (2017), 1, pp. 131-155 –, e pelas razões que adiante são referidas no texto, temos as maiores dúvidas sobre o mérito e a coerência da construção que erige a perda de chance num dano patrimonial autónomo. Neste último sentido, todavia, pronunciam-se SINDE MONTEIRO, *Responsabilidade...*, cit., pp. 297-298, NUNO SANTOS ROCHA, *A «Perda de Chance» Como Uma*

Assim, Paulo Mota Pinto pronuncia-se no sentido de que "(...) não parece que exista já hoje entre nós base jurídico-positiva para apoiar a indemnização da perda de chances (...)"[98], afirmando que o problema fundamental não é o enquadramento da perda de chance nos pressupostos da responsabilidade: "(...) a decisão substancial a tomar é sobre se o âmbito de proteção garantida pela norma violada ou pelo bem afetado inclui igualmente a mera elevação do risco de lesão – que é outra forma de perguntar se inclui a diminuição de chances de evitar o prejuízo – bastando essa mera elevação do risco (no interesse negativo, de perda de oportunidades alternativas) para que se imponha ao agente o dever de indemnizar (como garante de não verificação do risco na percentagem aumentada)"[99].

Noutro local, e retomando recentemente o tema, Paulo Mota Pinto reafirma também que "(...) *não deve admitir-se em geral o ressarcimento da mera «perda de chance»*. Pode, mesmo, dizer-se que essa indemnização contraria princípios básicos do nosso direito da responsabilidade civil, como o da limitação da indemnização pela finalidade compensatória e *da proibição do enriquecimento do lesado*. E no plano de *jure condito* cremos que não existe, aliás, *qualquer apoio legal* nesse sentido"[100]. Ainda mais lapidarmente, Paulo Mota Pinto assinala que "a exigência de *prova da existência de um dano certo*, e da relação de *causalidade* entre o evento lesivo e estes prejuízos, não deve, pois, ser contornada através da «manobra conceptual» consistente na autonomização no património do lesado, para fins da obrigação de indemnização, de *«chances» ou oportunidades, em relação às situações finais* (ganho obtido ou perda evitada) a que conduziriam"[101].

Nova Espécie de Dano, Coimbra, 2014, *passim*, Patrícia Cordeiro da Costa, *Causalidade, Dano e Prova. A Incerteza na Responsabilidade Civil*, Coimbra, 2016, pp. 139 e ss, e, no domínio da responsabilidade das entidades adjudicantes, Carlos Fernandes Cadilha, *Regime...*, cit., pp. 99-100, e Vera Eiró, *A Obrigação...*, cit., p. 596. Sem tomar explicitamente posição sobre o enquadramento dogmático, mas enfatizando a insusceptibilidade de indemnização do dano de perda de chance quando o grau de probabilidade da respetiva materialização for baixo, cf. Luís Menezes Leitão, *Direito das Obrigações*, cit., pp. 340-342, e José Carlos Brandão Proença, *Lições de Cumprimento e Não Cumprimento das Obrigações*, 2ª ed., Porto, 2017, pp. 300-301.

98 In *Interesse Contratual...*, cit., p. 1106.

99 *Ibidem*.

100 Cf. "Perda de chance processual", in AA.VV., Estudos em Homenagem ao Conselheiro Presidente Rui Moura Ramos, vol. II, Coimbra, 2016, pp. 1309-1310.

101 *Ibidem*, p. 1310. Neste mesmo sentido se pronuncia Rui Soares Pereira, entendendo que "a posição mais consistente parece ser a daqueles autores que afirmam não existir uma

Em termos menos perentórios, todavia, CARNEIRO DA FRADA distingue as situações de responsabilidade contratual das de responsabilidade delitual[102]. Na primeira hipótese, "(...) a perda de oportunidade pode desencadear responsabilidade de acordo com a vontade das partes (que erigiram essa "chance" a bem jurídico protegido pelo contrato)"[103]. Já na segunda hipótese, "(...) esse caminho é mais difícil de trilhar: a primeira alternativa do artigo 483º nº 1 não dá espaço e, fora desse contexto, tudo depende da possibilidade de individualizar a violação de uma norma cujo escopo seja precisamente a salvaguarda da "chance""[104].

JÚLIO VIEIRA GOMES, por seu turno, começou por assinalar não ser "(...) claro se o dano de perda de chance deve ser concebido como uma modalidade de dano emergente ou de lucro cessante" e que "(...) mesmo para quem o considera autónomo na sua existência, o prejuízo da perda de chance não é completamente autónomo na sua avaliação"[105], concluindo que "(...) a mera perda de uma chance não terá, em geral, entre nós, virtualidades para fundamentar uma pretensão indemnizatória"[106]. Posteriormente, porém, o mesmo Autor veio aceitar que "(...) quando a chance ou oportunidade se tenha «densificado» e fosse mais provável a sua realização do que a sua não verificação, se considere existir já um lucro cessante suficientemente «certo» para que a fixação do seu montante possa ser feita pelo tribunal recorrendo à equidade (...)"[107].

Também ANTÓNIO MENEZES CORDEIRO assinala que "(...) não é possível condenar alguém a pagar – o que tem, sempre, um sentido expropria-

base jurídico-positiva que permita sustentar a indemnização da «perda de chance» (...)" – cf. *O Nexo de Causalidade na Responsabilidade Delitual – Fundamentos e Limites do Juízo de Condicionalidade*, Coimbra, 2017, p. 1205.

[102] Cf. *Direito Civil – Responsabilidade Civil – O Método do Caso*, Coimbra, 2006, p. 104. Em sentido aparentemente coincidente, afirma ANA MAFALDA DE MIRANDA BARBOSA que, no quadro da responsabilidade contratual, algumas das dificuldades suscitadas pela indemnização da perda de chance se atenuam, uma vez que "a indemnização das chances perdidas há de ser aceite ou não consoante o âmbito do dever a que o devedor se obrigou" (cf. *Lições de Responsabilidade Civil*, Cascais, 2017, p. 336).

[103] *Ibidem*, p. 104.

[104] *Ibidem*, p. 104.

[105] Cf. "Sobre o dano da perda de chance", in *DJ*, vol. XIX, 2005, tomo II (pp. 9-47), p. 25.

[106] *Ibidem*, p. 43.

[107] Cf. "Ainda sobre a figura do dano da perda de oportunidade ou perda de chance", in *CDP – II Seminário dos Cadernos de Direito Privado ("Responsabilidade Civil")*, dezembro de 2012 (pp. 17-29), p. 29.

tivo ou confiscatório – se não se estabelecer um nexo de causalidade entre o facto e o dano" e que "(...) ao mandar indemnizar pela perda de chance, dispensando, com isso, a prova da causalidade, está-se a proceder a uma (re)distribuição do risco não prevista pela lei"[108].

II. Em face desta diversidade de entendimentos e do aparente acolhimento pela jurisprudência recente[109] – impelida, compreensivelmente, pelo efeito *salomónico* da indemnização pela perda de chance –, justifica-se aprofundar agora o tema, na perspetiva do enquadramento dogmático da perda de chance enquanto dano. Fá-lo-emos começando por analisar brevemente a génese e o desenvolvimento da figura nos dois ordenamentos jurídicos em que a mesma tem encontrando maior aplicação (ou seja, nos Direitos francês e italiano).

3.2. A perda de chance no Direito francês

I. A origem da figura da perda de chance remonta ao acórdão tirado pela *Cour de cassation* em 17 de julho de 1889, no qual foi concedido provimento a um pedido de indemnização pela perda da possibilidade de prossecução de um processo judicial e, por conseguinte, de obtenção de ganho de causa[110].

Desde esse acórdão, o mesmo Tribunal superior vem confirmando regularmente a respetiva doutrina e admitindo a indemnização do dano de perda de chance, em particular nos casos de responsabilidade civil profissional no âmbito do patrocínio judiciário. Está em causa, fundamentalmente, a ideia de que a falta cometida pelo advogado ou consultor que resulte na perda da hipótese ou possibilidade de conservação ou satisfação dos direitos do respetivo cliente constitui um dano indemnizável. O mesmo racional foi, porém, paulatinamente alargado aos mais diversos domínios de aplicação, tendo a jurisprudência francesa admitido que a indemnização pela perda de chance tenha lugar em contextos tão diversos como os jogos de azar ou competições desportivas, a progressão na carreira profissional, o desenvolvimento de atividade científica ou comercial ou o acesso a determinadas funções[111].

[108] Cf. *Tratado de Direito Civil, II – Parte Geral*, cit., p. 288.

[109] Cf. nota 182 *infra*.

[110] Cf. Geneviève Viney/Patrice Jourdain, *Traité de Droit Civil* (coord. Jacques Ghestin), *Les Conditions de la Responsabilité*, 3ª ed., Paris, 2006, p. 91, e Yves Chartier, *La Réparation du Préjudice dans la Responsabilité Civile*, Paris, 1983, p. 33.

[111] Sobre o perfil e os vários domínios de aplicação da perda de chance, *vide* Henri Mazeaud/Léon Mazeaud/André Tunc, *Traité Théorique et Pratique de la Responsabilité Civile Délictuelle*

Entre os domínios de aplicação desta teoria aceites pela jurisprudência civil francesa encontram-se ainda os casos de perda da chance de celebração de um contrato ou da respetiva execução – e, consequentemente, de auferir os ganhos respetivos –, designadamente nas situações de rutura de negociações[112].

Constata-se, pois, que a jurisprudência francesa aceita a aplicação da noção de perda de chance de forma muito ampla. Como referem Geneviève Viney/Patrice Jourdan, aquela noção tem encontrado, em França, campo fértil, quer na área da responsabilidade delitual, quer na da responsabilidade obrigacional, tendo como pressuposto o desaparecimento da possibilidade de obtenção de um evento favorável ou de uma vantagem: a jurisprudência tende a vislumbrar aí um dano directo e certo, embora admitindo que, por definição, a realização de uma chance nunca é certa[113]. Também Yves Chartier assinala, aliás, que "não há limites de princípio, nem domínio reservado" à aplicação da perda de chance[114].

et Contractuelle, tomo I, 6ª ed., Paris, 1965, pp. 272 e ss., Boris Starck, *Droit Civil – Obligations*, Paris, 1972, pp. 51-53, François Chabas, *Responsabilité Civile et Responsabilité Pénale*, Paris, 1975, pp. 29 e ss., Yves Chartier, *La Réparation...*, cit., pp. 32-49, Jean Carbonnier, *Droit Civil – 4 – Les Obligations*, 18ª ed., Paris, 1994, p. 334 e pp. 342 e ss., Jacques Flour/Jean-Luc Aubert, *Les Obligations – 2 – Le Fait Juridique*, 8ª ed., Paris, 1999, pp. 125-127, Alex Weill/François Terré, *Droit Civil – Les Obligations*, Paris, 1980, pp. 678 e ss., Philippe le Tourneau/Loïc Cadiet, *Droit de la Responsabilité*, Paris, 1998, p. 214, e Geneviève Viney/Patrice Jourdain, *Traité de Droit Civil...*, cit., pp. 91-96.

[112] Referindo que a responsabilidade civil pela rutura de negociações é considerada, em França, de natureza delitual, admitindo-se, nesse contexto, a indemnização da perda de chance de celebração do contrato, *vide* Philippe le Tourneau/Loïc Cadiet, Paris, 1980, cit., pp. 86-87. Conforme dão nota, todavia, Geneviève Viney/Patrice Jourdan, se a jurisprudência tendia, tradicionalmente, a reconhecer neste domínio a indemnização pela perda de chance, além das despesas inúteis incorridas no decurso das negociações, a *Chambre commercial* parece ter abandonado essa orientação, recusando a indemnização pela perda de chance de conclusão do contrato negociado (cf. *Traité de Droit Civil...*, cit., pp. 93-94 e nota 439).

[113] Cf. Geneviève Viney/Patrice Jourdan, *Traité de Droit Civil...*, cit., p. 96. Conforme aí dão nota as Autoras, a facilidade com que a jurisprudência francesa tem recorrido à figura da perda de chance induziu, aliás, um efeito perverso ou abusivo, verificando-se, por vezes, a atribuição de uma indemnização parcial em casos que esta deveria ter sido atribuída integralmente, por referência à perda do objeto ou do bem sobre o qual incidia a chance e não à perda da chance em si mesma.

[114] In *La Réparation...*, cit., p. 50.

II. Não obstante a larga projeção da figura da perda de chance na jurisprudência dos tribunais franceses, para que a respetiva indemnização seja admitida não deixam aqueles de impor determinados requisitos. Com efeito, para além da verificação dos pressupostos gerais da responsabilidade civil, incluindo a existência do dano e de um nexo de causalidade entre o facto lesivo e o dano, exige-se que a chance a indemnizar seja real e séria.

Assim, para que a perda de chance seja indemnizável, não basta a constatação da prévia existência, numa qualquer medida, da oportunidade ou da possibilidade de obtenção de um evento favorável ou vantagem por parte do lesado, em face do circunstancialismo concretamente existente, que tenham sido destruídas em resultado do facto lesivo ocorrido. Para tal, é ainda necessário que a concretização da chance se apresente com um grau de probabilidade ou verosimilhança razoável e não com carácter meramente hipotético.

De outra forma, a perda de chance não se apresenta, segundo a jurisprudência francesa e a doutrina dominantes, revestida da certeza que é condição da indemnizabilidade do dano[115]. Daí a necessidade de verificar se a chance é real e séria, o que não é senão, como assinala Yves Chartier, "(...) uma outra forma de exprimir que o evento tornado impossível era provável"[116]. Nessa probabilidade de ocorrência do evento final reside a certeza de que depende, em geral, a indemnizabilidade do dano, quando nos situemos no domínio da perda de chance. Por outras palavras, a certeza do dano indemnizável é aqui degradada em mera probabilidade de ocorrência do resultado a que a chance se refere.

III. Tal orientação não é, contudo, inteiramente uniforme. A questão tem sido discutida, fundamentalmente, a respeito da responsabilidade civil profissional no âmbito do patrocínio judiciário e que, como referimos acima, está historicamente na génese da figura da perda de chance. Embora a jurisprudência dominante exija a demonstração de uma probabilidade de sucesso razoável na ação perdida (ou não proposta) – o que pressupõe uma profunda indagação quanto ao fundo da causa respetiva –, sob pena de não se considerar verificada a certeza do dano, uma outra corrente jurisprudencial tem concedido a indemnização ao lesado inde-

[115] *Ibidem*, p. 99.

[116] In *La Réparation...*, cit., p. 50.

pendentemente desse circunstancialismo, invocando que nenhuma ação judicial se acha perdida de antemão e que a mera pendência processual constitui um fator de pressão sobre a contraparte[117].

De acordo com esta segunda linha de orientação, o baixo grau de probabilidade de obtenção de uma decisão judicial favorável na ação primitiva não impede a atribuição de uma indemnização ao cliente lesado, mas apenas influi no respetivo quantum indemnizatório. Parece ser também esta a posição considerada preferível por Geneviève Viney/Patrice Jourdan, admitindo que haja lugar a indemnização sempre que a improcedência da acção primitiva não fosse certa e reconhecendo que a condenação no pagamento da indemnização teria aqui, pelo menos, "(...) uma função de pena privada que pode ser útil"[118].

Já no que toca à fixação do montante da indemnização, é normalmente afirmado que a perda de chance apenas dá lugar a uma indemnização parcial. Com isso, pretende-se assinalar que a indemnização corresponde unicamente a uma fração do valor que corresponderia à destruição do próprio bem ou vantagem que deixou de concretizar-se em resultado da perda de chance[119].

Do ponto de vista dogmático, porém, a doutrina francesa assinala que não estamos perante nenhuma exceção ao princípio da reparação integral, mas que a redução em causa evidencia a perda de chance como dano específico e autónomo por referência ao dano final[120]. No entanto, quando se trata de determinar o montante efetivo da indemnização, a mesma doutrina não deixa de reconhecer que aquele há de tomar como referência o valor do dano final e refletir, depois, a fração correspondente ao grau de probabilidade de realização da chance perdida[121].

Assim, mesmo ao abrigo da orientação minoritária acima descrita, segundo a qual o grau de probabilidade ou a seriedade da chance não constituem um pressuposto da própria obrigação de indemnizar, o desen-

[117] Cf. Geneviève Viney/Patrice Jourdan, *Traité de Droit Civil...*, cit., pp. 99-100.

[118] *Ibidem*, p. 100.

[119] Como refere François Chabas, "a própria perda de chance, desde que não se trate de um prejuízo hipotético, é um prejuízo reparável, mas que, por força da álea, dá direito a uma indemnização por danos de montante inferior ao que seria devido pela perda do direito já adquirido" – in *Responsabilité Civile...*, cit., p. 30.

[120] Cf. Geneviève Viney/Patrice Jourdan, *Traité de Droit Civil...*, cit., p. 102.

[121] *Ibidem*, p. 103.

cadeamento da responsabilidade civil pela perda de chance pressupõe sempre, em primeiro lugar, a prova da ocorrência do próprio dano final e, depois, a avaliação pelo juiz, em face dos elementos carreados para o processo, desse mesmo grau de probabilidade, que mais não seja para determinar o *quantum* indemnizatório[122].

IV. Uma das matérias em que a figura em causa alcançou particular desenvolvimento na jurisprudência francesa, a partir de meados da década de 60 do século passado, é o da perda de chance de recuperação ou sobrevivência, no domínio da responsabilidade civil por ato médico, seja dos próprios profissionais de saúde, seja dos respetivos estabelecimentos hospitalares[123]. O recurso à perda de chance, como instrumento conscientemente empregue na superação das dificuldades postas, em tal domínio, pelas exigências de prova do nexo de causalidade, surge, historicamente, através de um aresto tirado pela *cour d'appel* de Grenoble, em 24 de outubro de 1961, num caso em que estava em causa a falta de diagnóstico oportuno de uma fratura já evidenciada em anterior exame radiológico, com consequente agravamento do estado de saúde do paciente[124]. Alguns anos mais tarde, é a própria *Cour de cassation* que vem a sancionar tal doutrina, através de um acórdão tirado em 14 de dezembro de 1965, a que se seguiram diversos outros arestos, versando também casos de negligência médica e mantendo, desde então, uma corrente jurisprudencial que consagrou a indemnização pela perda de chance de recuperação ou sobrevivência[125].

Estão em causa situações em que, na sequência de erros de diagnóstico ou de falhas no tratamento prescrito, o doente vem a falecer ou o respetivo estado de saúde se agrava ou se prolonga, quando, não fora a falta cometida, a morte ou o agravamento da doença talvez pudessem ter sido impedidos ou o doente tivesse mesmo recuperado do mal de que padecia. Às situações de erro de diagnóstico ou falha no tratamento prescrito têm sido ainda equiparadas, nalguma medida, as situações de violação do dever de informação do paciente sobre os riscos da terapia a adotar ou de uma intervenção cirúrgica.

[122] Cf. Yves Chartier, *La Réparation...*, cit., pp. 51-52.

[123] Cf. Yves Chartier, *La Réparation...*, cit., pp. 35 e ss..

[124] Cf. Geneviève Viney/Patrice Jourdan, *Traité de Droit Civil...*, cit., p. 229.

[125] *Ibidem*, p. 230 e nota 185.

Uma incursão na doutrina francesa, em torno deste último domínio da responsabilidade civil, permite identificar quatro posições diferentes, a saber:

a) Uma posição mais conservadora ou tradicional, segundo a qual estaria em causa uma aplicação espúria da perda de chance, que não prescinde da existência de um dano autónomo impossível de descortinar em tal domínio[126];

b) Uma segunda posição, de acordo com a qual não se registam diferenças substanciais entre este domínio de aplicação da perda de chance e qualquer outro, mas em que o recurso à figura resulta aí numa diminuição da indemnização (integral) que deveria ser atribuída ao lesado com fundamento no risco ilicitamente criado[127];

c) Uma terceira posição, que sustenta uma perspetiva unívoca da perda de chance, como dano autónomo, e a sua aplicação indiferenciada nos mais diversos domínios[128];

[126] SAVATIER, por exemplo, considerou estar-se aqui, verdadeiramente, perante um *sofisma*, por via do qual o juiz confunde a sua *incerteza* ou *perplexidade*, quanto à verificação do nexo de causalidade, com um cálculo de probabilidades arbitrariamente definido, quando deveria haver lugar a indemnização apenas perante a demonstração de que o dano (final) não se teria produzido na ausência da falta verificada (cf. *La Théorie des Obligations en Droit Privé Économique*, 4ª ed., Paris, 1979, p. 304). Também JEAN PENNEAU refere que "(...) se trata de artifício puramente verbal através do qual se pretende resolver, no plano do prejuízo, um problema que, pela sua verdadeira natureza, é um problema de causalidade", sustentando que há uma diferença essencial entre a generalidade dos casos em que a jurisprudência faz uso da teoria da perda de chance e os casos de responsabilidade civil por diagnóstico ou intervenção clínica deficientes ou ainda por violação do dever de informação do paciente quanto aos respetivos riscos (cf. *La Responsabilité du Médecin*, Paris, 1992, p. 31). JEAN CARBONNIER veio, igualmente, sufragar estas críticas (cf. *Droit Civil...*, cit., p. 343).

[127] Assim, GENEVIÈVE VINEY/PATRICE JOURDAN, *Traité de Droit Civil...*, cit., p. 231. A crítica de GENEVIÈVE VINEY/PATRICE JOURDAN coloca-se, todavia, da perspetiva oposta à que descrevemos na nota anterior, entendendo as Autoras que a perda de chance não constitui instrumento idóneo para o estabelecimento da responsabilidade civil por ato médico, mas apenas por implicar uma redução da indemnização correspondente ao dano concretamente ocorrido, em termos algo arbitrários ou aleatórios (*ibidem*, pp. 232-233 e p. 236).

[128] Neste sentido, YVES CHARTIER sustenta que, também neste domínio, o dano a considerar é, efetivamente, "(...) constituído pela própria perda de chance: é por isso que, aliás, como em todas as hipóteses de ressarcimento de uma perda de chance, a indemnização não poderá representar senão uma fração do que seria devido se o médico ou o cirurgião tivesse sido responsável pelo próprio estado da vítima" (in *La Réparation...*, cit., pp. 38-39).

d) Finalmente, a perspetiva de que a perda de chance não apresenta qualquer especialidade no contexto da responsabilidade civil por ato médico, mas constitui, em todas as suas manifestações, expressão de uma ideia de *causalidade parcial* e não um verdadeiro dano autónomo[129].

V. Não obstante a controvérsia doutrinária em torno do recurso à perda de chance, no quadro da responsabilidade civil por ato médico, a jurisprudência vem socorrendo-se da figura, praticamente sem hesitação[130], há já cerca de meio século[131].

No entanto, a referida diversidade de entendimentos – que constitui uma brecha na habitualmente divulgada *consensualidade* da perda de chance no Direito francês – denota bem a complexidade e as incertezas a respeito deste tema. Complexidade e incertezas que, de resto, permitem compreender por que razão o anteprojeto de reforma do Direito das Obrigações francês, de 2016, contemplava no respetivo artigo 1238º[132] a positivação do

[129] Dando voz a esta última perspetiva, encontra-se JACQUES BORÉ, segundo o qual o correto entendimento do mecanismo da perda de chance não passaria pela deteção de um dano autónomo e distinto do dano final, mas pela revisão da estrutura a adotar a respeito da relação de causalidade entre o facto lesivo e o (único) dano verificado: "(...) a justificação do ressarcimento da perda de chance não é possível senão segundo uma conceção de causalidade que, tendo em conta a complexidade do real, reconheça, na produção dos fenómenos, a combinação da lei causal e da lei aleatória" (cf. "L'indemnisation pour les chances perdues: une forme d'appréciation quantitative de la causalité d'un fait dommageable", in *JCP*, 1974, I, 2620, nº 23). Em sentido próximo, pronunciou-se, mais recentemente, FRÉDÉRIC DESCOPRS DECLÈRE (cf. "La cohérence de la jurisprudence de la Cour da cassation sur la perte de chance consécutive à une faute du médecin", in *RC*, 2005, nº 11, pp. 742-748).

[130] Segundo referem GENEVIÈVE VINEY/PATRICE JOURDAN, a *Cour de cassation*, num aresto tirado em 1982, terá dado mostras de pretender infletir a orientação seguida desde 1965 (cf. *Traité de Droit Civil...*, cit., p. 95, nota 453). Esse aresto não teve, porém, sequência nas decisões judiciais posteriores.

[131] Cf. GENEVIÈVE VINEY/PATRICE JOURDAN, *Traité de Droit Civil...*, cit., p. 95 e notas 454 e 455.

[132] A redação desse artigo 1238º era a seguinte: "Seule constitue une perte de chance réparable la disparition actuelle et certaine d'une éventualité favorable. Le préjudice de perte de chance est distinct de l'avantage qu'aurait procuré cette chance si elle s'était réalisée". Trata-se, como é bom de ver, da mera reprodução de uma formulação generalizada na jurisprudência, mas que pecava, desde logo, por referir-se unicamente à não materialização de uma vantagem e ser omissa quanto à *não evitação* de um evento desfavorável ou ao aumento do risco de ocorrência desse evento.

dano de perda de chance, sem que tal proposta tenha vindo a ser acolhida na versão revista do CCF atualmente já em vigor.

3.3. A perda de chance no Direito italiano

I. A teoria da perda de chance foi acolhida em Itália, na vigência do CCI, de 1942, beneficiando da proximidade geográfica e cultural com a França e da semelhança, nalguns aspetos importantes, entre os respetivos códigos civis. Tal como em França, o surgimento – *rectius*, a receção – e o desenvolvimento desta teoria fez-se, fundamentalmente, por via jurisprudencial, num percurso iniciado há pouco mais de vinte e cinco anos, não obstante a perda de chance já aparecer referida nalgumas obras e artigos doutrinários anteriores[133]. Tratando-se de um processo de importação da figura em causa para outro sistema jurídico, a respetiva análise e compreensão são da maior utilidade.

Assim, importa começar por referir que em Itália, tal como em França, não se encontra unanimidade na doutrina quanto ao escorreito enquadramento dogmático da perda de chance, constatando-se a existência de uma corrente de pensamento que a concebe como um dano emergente autónomo[134] e de uma outra linha de orientação, que projeta a perda de

[133] Contra a indemnizabilidade da perda de chance, tinham-se pronunciado Pacchioni – referindo que "(...) uma simples possibilidade, uma chance, tem por certo um valor social considerável, mas não uma valor de mercado (...)", pelo que estaria em causa "(...) um dano não ressarcível por equivalente económico (...)" (in *Diritto Civile Italiano IV, Dei delitti e quasi delitti*, Pádua, 1940, p. 111) – e Busnelli – sustentando que a perda de chance constitui "(...) um interesse de mero facto (...)" não ressarcível devido à ausência da "(...) lesão de um direito subjetivo ou, em qualquer caso, de um interesse juridicamente tutelado (...)" (in "Perdita di una "chance" e risarcimento del danno", *FI*, 1965, IV, p. 46). A ideia nuclear da ressarcibilidade de um dano abstracto, distinto do dano final, surge, todavia, logo em 1931, pela mão de Piero Calamandrei, no domínio da responsabilidade civil profissional dos advogados, embora sem invocação formal da teoria da perda de chance (cf. "Limiti di responsabilità del legale negligente", *RDPC*, 1931, II, pp. 260 e ss.). Algumas décadas depois, a perspetiva de Calamandrei foi retomada por M. Bocchiola, afirmando que aquele Autor havia intuído corretamente que a impossibilidade de ressarcir o resultado final não deveria impedir que fosse atribuído ao lesado uma indemnização em vista da possibilidade de um resultado favorável, em linha com o que era sustentado em França ao abrigo da teoria da perda de chance – cf. "Perdita di una "chance" e certezza del danno", in *RTDPC*, 1976 (pp. 55-104), p. 94.

[134] Assim, além de Bocchiola (cf. nota 133 *supra*), De Cupis, "Il risarcimento della perdita di una "chance", in *GI*, 1986, I, 1, p. 1181, Francesco Ghisiglieri, "Risarcimento del danno e perdita di chance", *NGGC*, Março/Abril 1991, pp. 141-142 e p. 145, Massimo Franzoni, *Il Danno al Patrimonio*, Milão, 1996, pp. 228-229, Pier Giuseppe Monateri, *Le Fonti delle*

chance unicamente no plano da causalidade referente a lucros cessantes ou, mais amplamente, a um dano final cuja verificação não se acha demonstrada, segundo os parâmetros normalmente adotados em matéria de causalidade[135].

A conceção da perda de chance como lucro cessante mereceu bastantes reservas também na jurisprudência italiana, dada a dificuldade em demonstrar, nesse enquadramento, a verificação de um nexo de causalidade entre o facto ilícito e a chance perdida. Embora existam acórdãos admitindo essa qualificação que concedem, ainda assim, uma indemnização ao lesado, a perda de chance tem encontrado um caminho mais fácil sob a forma de dano emergente, correspondente à lesão de uma situação jurídica já integrada no património do lesado e traduzida na possibilidade de aquisição da vantagem a que se refere a própria chance.

II. Como marcos fundadores desta segunda orientação, são normalmente referidos dois arestos da secção laboral da *Corte di Cassazione*, que versam sobre procedimentos destinados à admissão ou promoção de trabalhadores que foram irregularmente interrompidos (cf. Ac. de 19.11.1983, nº 6906)[136] ou em que um dado trabalhador é ilicitamente impedido de

Obbligazioni, 3 – La Responsabilità Civile (obra inserida no *Trattato di Diritto Civile*, coord. Rodolfo Sacco), Turim, 1998, pp. 283-285, Nicola Monticelli, "La perdita di chance", *NGCC – Casi Scelti in Tema di Responsabilità Civile* (coord. Guido Alpa/Giovanna Capilli/Pietro Maria Putti), 2004, p. 178.

135 Assim, Carlo Castronovo, *La Nuova Responsabilità Civile*, 3ª ed., Milão, 2006, p. 545, nota 212, e pp. 761-763. Sustentando a qualificação da perda de chance como lucro cessante do interesse negativo, no domínio da responsabilidade pré-contratual, diversamente do que o Autor admite suceder nos restantes domínios da responsabilidade civil, *vide* Alberto Sagna, *Il Risarcimento del Danno nella Responsabilità Precontrattuale*, Milão, 2004, pp. 138 e ss.. Sobre o tema, sem tomar posição sobre a configuração dogmática da perda de chance, mas dando nota dos termos da controvérsia e das hesitações da jurisprudência, *vide* Augusto Baldassari, *Il Danno Patrimoniale*, Milão, 2001, pp. 177-199, e Tommaso Gualano, "Perdita di chance", in (coord. Giuseppe Vettori), vol. I, Pádua, 2004, pp. 121-190. Ainda sobre o tema da perda de chance, nos seus vários domínios de aplicação, e assinalando as diferentes configurações que a figura pode assumir (ora como dano patrimonial, ora como dano não patrimonial), *vide* Domenico Chindemi, *Il Danno da Perdita di Chance*, 2ª ed., Milão, 2010.

136 Publicado em *GC*, 1984, I, pp. 1841 e ss., com anotação de Cappagli ("Perdita di una chance e risarcibilità del danno per ritardo nella procedura di assunzione").

prosseguir as provas tendentes à respetiva admissão (cf. Ac. de 19.12.1985, nº 6506)[137].

No primeiro caso, a *Corte di Cassazione* entendeu que "(...) o conceito de perda e de lucro [cessante] a que se refere o artigo 1223º do Codice Civile não abrange somente quantias pecuniárias, mas qualquer utilidade economicamente avaliável (...)", de tal forma que se encontram aí abrangidas as situações às quais se encontre associado um "rendimento provável". De forma perentória, o mesmo aresto esclareceu que "(...) o facto de a situação ser idónea (...) a produzir apenas provavelmente, e não com absoluta certeza, o rendimento com ela relacionado, condiciona não a existência, mas apenas a avaliação do dano ressarcível", sendo que a indemnização se refere "(...) não à perda de um resultado favorável, mas antes à perda da possibilidade de conseguir um resultado útil, possibilidade existente no respetivo património no momento em que [o trabalhador] sofreu o comportamento ilícito da empresa e a lesão do direito".

Assim, considerando que a interrupção injustificada do procedimento destinado à admissão dos trabalhadores violava o artigo 1337º do CCI e que a empresa demandada havia incorrido, portanto, numa situação de *culpa in contrahendo*, a *Corte di Cassazione* reconheceu o direito daqueles a serem indemnizados pela perda de chance de celebração do contrato de trabalho em causa e admitiu o recurso à equidade, nos termos do artigo 1226º do CCI, com vista à determinação do *quantum* indemnizatório.

No segundo caso, objeto de aresto tirado pelo mesmo tribunal dois anos mais tarde, a *Corte di Cassazione* reiterou a posição anteriormente expressa, afirmando que estava em causa "(...) um dano certo (ainda que não no seu montante), que consiste não num lucro cessante, mas antes no dano emergente da perda de uma possibilidade atual, não de um resultado futuro (...)", traduzido na perda de uma chance ou possibilidade que não se confunde com a mera expectativa de facto.

Este acórdão comporta, porém, duas *nuances* relativamente ao acórdão anterior. Em primeiro lugar, quanto ao enquadramento normativo da pretensão indemnizatória, a *Corte di Cassazione* não se refere à violação de deveres pré-contratuais ou da boa fé, invocando simplesmente que o caso evidenciava uma "(...) lesão do direito à integridade do próprio património"

[137] Publicado em *RDCDGO* ano LXXXIV (1986), nºs 5-8, pp. 213-219, com anotação de ZENO-ZENCOVICH ("Il danno per la perdita della possibilità di una utilità futura").

do lesado, que havia já passado a integrar a chance perdida. Em segundo lugar, a *Corte di Cassazione* veio esclarecer que o ónus da prova da existência da chance, enquanto dano indemnizável, compete ao lesado, nos termos gerais, e que satisfaz esse ónus quem demonstre uma probabilidade de concretização do resultado a que a chance se refere superior a 50%.

No que se refere, finalmente, à determinação do quantum indemnizatório, a *Corte di Cassazione* deixou, também neste segundo acórdão, uma diretriz explícita: o valor da própria chance há de consistir no valor atribuído ao resultado que constitui seu objeto (no caso de espécie, o montante da remuneração que o trabalhador deixou de auferir), reduzido segundo um coeficiente que tenha em conta o grau de probabilidade de obtenção desse mesmo resultado. Subsidiariamente, nos casos em que este critério se revele de aplicação difícil ou incerta, haverá então que recorrer à equidade, nos termos do artigo 1226º do CCI.

III. Estes dois acórdãos, que traçam o perfil da perda de chance em termos muito semelhantes aos que vimos serem apresentados na jurisprudência e na doutrina francesas dominantes, constituem o início de um já extenso filão na aplicação desta figura, no âmbito dos procedimentos tendentes à admissão ou promoção de trabalhadores por parte das respetivas entidades empregadoras, sejam elas de mão privada ou pública. Na verdade, a secção laboral da *Corte di Cassazione* teve oportunidade de reiterar a sua doutrina sobre esta matéria num vasto conjunto de decisões, ao longo das últimas décadas. Não obstante, alguns acórdãos, para além da clarificação quanto à natureza pré-contratual ou mesmo obrigacional da responsabilidade em causa[138], apresentam desenvolvimentos quanto à autonomia e ao modo de determinação da chance indemnizável[139].

[138] Cf. Acs. de 22.03.1989 (nº 1441), de 22.07.1995 (nº 8010) e de 06.06.2006 (nº 13241).

[139] Assim, no acórdão tirado em 13.06.1991 (nº 6657), a *Corte di Cassazione* salientou que a indemnização pela perda de chance pressupõe a prova da existência de uma possibilidade não desprezível de promoção do trabalhador lesado, mas que a prova do nexo causal, entre o incumprimento por parte do empregador e a lesão da chance, se encontra, via de regra, *in re ipsa*. Segundo este acórdão, o reconhecimento de uma chance indemnizável não depende, ao contrário do entendimento propugnado no acórdão de 19.12.1985 (nº 6506), de uma probabilidade de êxito do lesado superior a 50%, caso o procedimento tivesse sido conduzido em termos regulares pela entidade empregadora. Para esse efeito, e ainda segundo o referido aresto, é suficiente uma razoável certeza do dano, ou seja, da dita possibilidade não desprezível de êxito

De um modo geral, a autonomia da chance, enquanto bem integrado no património do lesado e merecedor de tutela jurídica, é uniformemente reafirmada na jurisprudência[140].

Apesar da importância do recurso à perda de chance no âmbito dos procedimentos para a contratação ou promoção de trabalhadores, quer pelo número de espécies jurisprudenciais, quer pela riqueza e diversidade do seu conteúdo, a figura tem encontrado também aplicação, em Itália, nas mais variadas situações de responsabilidade civil[141]. Entre essas situações avultam os casos de responsabilidade civil profissional, em especial de advogados[142].

no processo seletivo implementado pela entidade empregadora. Em sentido próximo ao desta decisão, foram ainda tirados outros acórdãos pela *Corte di Cassazione* – cf. Acs. de 28.05.1992 (nº 6392), de 22.04.1993 (nº 4725) e de 25.10.2000 (nº 14074). No primeiro desses acórdãos parece mesmo ter-se ido mais longe na afirmação da autonomia da chance relativamente ao resultado final, quando se sustenta que "(...) na medida em que o regular desenvolvimento do concurso é objeto de um dever jurídico, pode dizer-se que a probabilidade de promoção deu já entrada no património de cada um dos candidatos".

140 Dessa autonomia, extraem-se, aliás, consequências processuais, no que respeita à própria configuração do objeto da lide. Assim, no acórdão de 18.01.2006 (nº 852), sustentou-se que a pretensão de indemnização do dano final e a pretensão de indemnização da perda de chance são substancialmente distintas: "(...) enquanto que o dano da falta de promoção pode encontrar um ressarcimento correspondente integralmente à perda das vantagens conexas com a ascensão a lugar superior (não apenas de natureza económica, mas também normativa), o dano da perda de chance pode unicamente comensurar-se, mas não identificar-se, na perda daquelas vantagens, em razão do grau de probabilidade (...) de conseguir a promoção".

141 Assim, por exemplo, na decisão proferida pelo Tribunal de Monza, em 21.02.1992, amplamente divulgada na doutrina, a jurisprudência italiana recorreu à perda de chance a propósito do desempenho em provas desportivas. Neste caso, uma equipa concorrente no campeonato de Fórmula 3000 propôs uma ação contra um dos seus próprios pilotos, invocando o incumprimento por este das respetivas obrigações contratuais e pedindo a resolução do contrato. O piloto demandado contestou a ação e reconveio, pedindo a resolução do contrato por incumprimento da demandante e uma indemnização pelos danos sofridos.
O pedido reconvencional foi julgado procedente e o tribunal concedeu ao piloto uma indemnização pela perda de chance de obtenção dos ganhos que auferiria por via da execução do contrato e da participação, com sucesso, nas provas respetivas. Esta decisão assentou na conceção da perda de chance como dano autónomo, diverso do dano final, invocando-se como argumento em abono dessa autonomia a faculdade de transmissão, em determinados casos, da própria chance.

142 A doutrina italiana sobre a responsabilidade civil profissional, em especial do advogado, é abundante, podendo ver-se, *inter alia*, Gennaro Giannini/Mario Pogliani, *La Responsabilità da Illecito Civile – Assicuratore, Magistrato, Produttore, Professionista*, Milão, 1996; Tommaso Gualano, "Responsabilità dell'avvocato", in *Il Danno Risarcibile* (coord. Giuseppe Vettori), cit., pp. 349-362; Maria Feola, "Nesso di causalità e perdita di "chances" nella

Trata-se, aliás, do domínio em que, historicamente, nasceu e floresceu, em França, a perda de chance[143].

É curioso notar, aliás, que se encontram, neste último domínio, decisões ilustrando as diferentes aceções em que a figura pode, fundamentalmente, ser tomada, ou seja:

a) enquanto dano distinto do dano final, mas dependente, na sua existência e montante, do grau de probabilidade de verificação deste último[144];

b) enquanto dano distinto do dano final, mas independente do grau de probabilidade de verificação deste, pelo menos no que respeita à sua existência – uma independência, portanto, relativa, na medida em que o *quantum* indemnizatório deva ser ainda decalcado do dano final[145];

responsabilità civile del professionista forense", *RCDP*, Março 2004, pp. 151-182); Riccardo Conte, "Profili di responsabilità civile dell'avvocato", *NGCC*, jan./fev. 2004, pp. 144-165; Elisabeta Corapi, "La responsabilità dell'avvocato", *NGCC – Casi Scelti in Tema di Responsabilità Civile* (coord. Guido Alpa/ Giovanna Capilli/Pietro Maria Putti), 2004, pp. 13-22.

143 Em Itália, porém, trata-se de um desenvolvimento relativamente recente. A orientação tradicional da jurisprudência italiana ia, não há muito tempo, no sentido de tomar como objeto de indemnização apenas o dano final, ou seja, a perda da vantagem potencialmente adveniente para o lesado, exigindo a verificação do nexo causal entre esse dano e o ilícito praticado. Sirva de exemplo o acórdão tirado pela *Corte di Cassazione* em 28.04.1994 (nº 4044), onde pode ler-se que "(...) o cliente é obrigado a provar não só ter sofrido um dano, mas também que este foi causado pela insuficiente ou inadequada atividade do profissional (...)" e que, em particular, "(...) tratando-se da atividade de advogado, a afirmação da sua responsabilidade implica a indagação (...) sobre o seguro e claro fundamento da ação que deveria ter sido proposta e diligentemente acompanhada (...)".

144 Cf. acórdão da *Corte di Cassazione* datado de 5.06.1996 (nº 5.264), em que estava em causa o decurso de um prazo de caducidade para apresentação de reclamação em matéria tributária. Neste caso, a *Corte di Cassazione* não procedeu a uma avaliação quantitativa do grau de probabilidade – como vimos suceder nalguns acórdãos em matéria laboral, especialmente no acórdão de 19.12.1985 (nº 6506) –, limitando-se a exigir "(...) um juízo prognóstico de razoável probabilidade (...)" quanto ao sucesso da reclamação a apresentar.

145 Cf. acórdão de 13.12.2001 (nº 15.759), em que a *Corte di Cassazione* reiterou a conceção da chance como um bem atual e concreto, constituindo "(...) não uma mera expectativa de facto, mas uma entidade patrimonial em si mesma, jurídica e economicamente suscetível de avaliação autónoma (...)", cuja perda "(...) configura uma lesão à integridade do património (...)". Levando às últimas consequências o pressuposto da autonomia da chance, e aduzindo que a propositura de uma ação ou o exercício de uma faculdade processual comporta sempre uma vantagem potencial para quem a pratica, o mesmo tribunal supremo entendeu ainda que

c) finalmente, como mera função atenuante das exigências normalmente colocadas relativamente à aferição do nexo de causalidade entre o facto ilícito e o dano (final e único)[146].

Em suma, também em Itália se revela impossível a definição de uma teoria geral da perda de chance, apresentando a figura contornos variáveis segundo os respetivos domínios de aplicação e as múltiplas decisões jurisprudenciais.

IV. À semelhança do que vimos suceder em França, a teoria da perda de chance tem também encontrado aplicação no contexto da responsabilidade civil por ato médico, oferecendo aí interessantes motivos de reflexão.

Deve começar por referir-se, porém, que a perda de chance não é tradicionalmente utilizada, em Itália, para superar as dificuldades que se colocam na demonstração do nexo de causalidade, só tendo sido acolhida muito recentemente na jurisprudência da *Corte di Cassazione*.

Com efeito, uma síntese da evolução da jurisprudência italiana neste domínio, em traços *impressionistas*, pode apresentar-se nos seguintes moldes:

a) Numa fase inicial, a tendência apresentada pela jurisprudência civil ia no sentido da rejeição das pretensões indemnizatórias, considerando não se encontrar estabelecido o nexo de causalidade segundo os parâmetros normalmente exigíveis[147];

a perda da chance "(...) de intentar ou prosseguir um litígio em sede judicial, do lado ativo como do passivo, determina um dano a respeito do qual não pode, em regra, pôr-se qualquer problema de *accertamento* da perspetiva do *an* (...), mas apenas, eventualmente, da perspetiva do *quantum* (...)". Este *quantum* seria determinado, aí sim, como é também jurisprudência corrente, segundo o grau de probabilidade de êxito por parte do lesado e, no limite, segundo o critério da equidade acolhido no artigo 1226º do CCI. Nesta última hipótese, encontramo-nos perante uma assunção tendencialmente plena da autonomia da perda de chance, à semelhança do que vimos ser sustentado em França, neste tipo de casos, por uma dada corrente jurisprudencial, com a apreciação favorável de Geneviève Viney/Patrice Jourdan.

[146] Cf. acórdão de 6.02.1998 (nº 1.286), em que a *Corte di Cassazione* admite a indemnizabilidade da perda de chance, mas situa-a no plano da causalidade e não de um dano autónomo, entendendo que a figura traduz "(...) a passagem da individualização do nexo de causalidade segundo o critério da certeza dos efeitos da conduta para o da probabilidade e idoneidade da conduta para produzi-los (...)".

[147] Cf., por exemplo, o aresto tirado pela secção civil da *Corte di Cassazione*, em 7.08.1982 (nº 4437), em que a *Corte di Cassazione* concluiu pela "(...) inexistência de uma relação de causalidade entre a demora no diagnóstico e na intervenção cirúrgica (...)" e a morte do paciente lesado.

b) Num segundo momento, é possível detetar importantes arestos, sobretudo da secção penal da *Corte di Cassazione*, que condenam os médicos e as unidades de saúde demandadas, mesmo quando não se revela viável demonstrar a existência do nexo de causalidade com *certeza*, mas apenas com uma *probabilidade razoável*[148];

c) Num terceiro momento, porém, constatou-se uma inflexão na orientação da jurisprudência penal, que adotou, ao menos formalmente, um crivo mais restritivo na aferição do nexo de causalidade, neste grupo de casos[149];

d) Por fim, mais recentemente, a jurisprudência civil da *Corte di Cassazione* passou a admitiu o recurso à figura da perda de chance, com vista a assegurar ao lesado alguma indemnização perante a incerteza quanto à verificação do nexo de causalidade[150].

[148] Cf., em especial, o aresto tirado em 19.07.1991 (nº 371), no famoso caso *Silvestri e Leone*, abundantemente referido na doutrina e na jurisprudência posteriores. O acórdão em causa foi proferido num recurso interposto por dois médicos – que dão nome ao acórdão, Giuseppe Silvestri e Antonio Leone – da decisão proferida pela *Corte d'appelo* de Nápoles, confirmando a sentença proferida em primeira instância e que os havia condenado pela morte de uma paciente. Não obstante ter ficado provado que o diagnóstico oportuno da doença apenas teria proporcionado à doente lesada, no circunstancialismo concreto, uma probabilidade de sobrevivência de 30%, a *Corte di Cassazione* confirmou a decisão recorrida, sustentando que "(...) na avaliação do nexo de causalidade entre a conduta do agente e o evento, em matéria de responsabilidade profissional médica, o critério da certeza dos efeitos da conduta pode ser substituído pelo da probabilidade desses efeitos – ainda que limitada (no caso de espécie, 30%) – e da idoneidade da conduta para produzi-los (...)". Seria suficiente, portanto, uma "(...) séria e razoável possibilidade de sucesso, de tal forma que a vida da paciente tivesse sido, com uma certa probabilidade, salva", para imputar-se o resultado ao agente.

[149] Esta evolução jurisprudencial é marcada por uma inflexão da jurisprudência da secção penal da *Corte di Cassazione*, operada através de três arestos, de sentido idêntico, tirados no final de 2000 – acórdãos de 28.09.2000, nº 1688, de 28.11.2000, nº 2123, e de 29.11.2000, nº 2139. Como se refere no primeiro acórdão mencionado, o recurso a leis estatísticas para a determinação da causalidade pressupõe "(...) um coeficiente percentual próximo de cem e deve resultar num juízo sobre o nexo de condicionamento de alta probabilidade lógica ou de elevada credibilidade racional (...) que se avizinhe ao máximo da certeza". Tal orientação veio a ser consolidada através de um extenso aresto, tirado pela secção penal unida da *Corte di Cassazione*, datado de 11.09.2002 (nº 30328), onde esta recusou a aferição da idoneidade da conduta omitida, para impedir a verificação do resultado danoso, através do critério da *séria e razoável* probabilidade.

[150] O marco inicial desta jurisprudência é o acórdão da *Corte di Cassazione*, datado de 4.03.2004 (nº 4400). No caso concreto, era constatável que a omissão de intervenção cirúrgica urgente agravara "(...) a possibilidade de que o resultado negativo se produzisse (...)", de tal forma que

A evolução histórica descrita evidencia, claramente, que o recurso à figura da perda de chance, como dano autónomo, indemnizável no quadro da responsabilidade civil por ato médico, constitui aí sucedâneo de um entendimento mais flexível a respeito da causalidade, entretanto abandonado pela *Corte di Cassazione*. Assim, e tanto quanto sabemos, o supremo tribunal italiano apenas veio a julgar procedente uma pretensão indemnizatória alicerçada nessa teoria, pela primeira vez, através do aresto tirado em 18.09.2008 (nº 23846).

V. Neste último caso, a doente lesada havia sido observada por duas médicas de um hospital público em Roma, queixando-se de dores fortíssimas nas costas e no abdómen, que foram simplesmente atribuídas a tensão nervosa. Um mês mais tarde, todavia, a mesma doente consultou, em regime de clínica privada, outro especialista, que procedeu ao diagnóstico de um tumor numa fase já muito avançada.

A doente lesada, posteriormente substituída pelos seus herdeiros, moveu uma ação de responsabilidade civil contra as duas médicas que inicialmente a haviam observado e a respetiva unidade de saúde, pedindo a indemnização dos danos resultantes da falta de diagnóstico oportuno da doença de que viria a sucumbir. As instâncias julgaram a ação improcedente, invocando que, não obstante o erro de diagnóstico, a doença em causa encontrava-se, já nessa ocasião, num estádio irreversível, pelo que não seria possível estabelecer um nexo de causalidade entre os danos sofridos – e, em especial, a própria morte da doente – e a negligência médica ocorrida.

Discordando da decisão recorrida, com notável lucidez e sentido de justiça, a *Corte di Cassazione* entendeu que o atraso na administração oportuna de cuidados paliativos, contribuindo para a degradação da qualidade de vida e para o falecimento antecipado (ainda que apenas em semanas ou meses) e a impossibilidade de a doente terminal organizar devidamente o restante tempo de vida, com conhecimento do seu efetivo estado de saúde, traduzem-se em danos não patrimoniais que devem ser indemnizados[151].

o paciente perdera, "(...) por efeito desse incumprimento, as chances, de que estatisticamente dispunha, ainda que tendo em conta a particular situação concreta (...)", de se salvar. No entanto, a *Corte di Cassazione* acabou por recusar a indemnização pela perda de chance, sustentando que esta respeita, no plano processual, a um pedido diferente do pedido de indemnização pelo dano final, que havia sido deduzido nos autos, e não a um *minus* ou a uma parte daquele dano.

[151] Neste último sentido, reconhecendo, muito justamente, o direito à indemnização pela perda de chance em virtude da omissão de tratamentos ou intervenções cirúrgicas que não teriam

Tendo em conta a incerteza quanto ao grau ou medida em que o diagnóstico oportuno poderia ter minorado, através de cuidados paliativos, o sofrimento da doente ou prolongado a respetiva vida, a *Corte di Cassazione* recorreu à figura da perda de chance, louvando-se na jurisprudência consolidada, a esse respeito, nos restantes domínios da responsabilidade civil. Na argumentação expendida, este aresto comporta, todavia, dois apontamentos que importa realçar.

O primeiro apontamento prende-se com a natureza do dano em causa. Repisando a formulação segundo a qual a chance constitui "(...) uma entidade patrimonial jurídica e economicamente avaliável (...)", a *Corte di Cassazione* não deixou de assinalar que "(...) o conceito de patrimonialidade se encontra associada ao bem em relação ao qual a chance se considera perdida (...)", de tal forma que isso não pode obstar à utilização da figura "(...) no que se refere ao dano de personalidade ["alla persona"]", estando em causa uma chance de "(...) conservação da integridade psico-física ou de uma melhor integridade psicofísica ou das condições e da duração da existência em vida ["esistenza in vita"]".

A referência à patrimonialidade não serve aqui, na verdade, senão para exprimir uma certa ideia de autonomia ontológica da chance. E é sobre essa autonomia que incide o segundo apontamento que sobressai do aresto em apreço, de acordo com o qual, "(...) uma vez reconhecido que a chance de obtenção de um benefício em relação à situação jurídica a respeito da qual se lamenta um dano é, enquanto tal, uma entidade patrimonial (...) seria irrazoável ressarcir a perda de uma chance quando é presumível ou provável que o seu aproveitamento teria determinado um certo evento e não a ressarcir quando a presunção ou a probabilidade não subsistem".

Desta forma, a *Corte di Cassazione* retira todas as consequências da autonomia da chance e acaba por sustentar que o grau de probabilidade da sua concretização não releva na identificação de um dano indemnizável, mas incide apenas na determinação do respetivo *quantum* indemnizatório. Não obstante, o supremo tribunal italiano admitiu, no mesmo acórdão, que a relevância, mesmo neste segundo plano, do grau de probabilidade de concretização da chance, pode ter por efeito excluir, em absoluto, qualquer

evitado a morte do paciente, mas apenas prolongado ou melhorado a respetiva qualidade de vida, pode ainda ver-se os recentes acórdãos da *Corte di Cassazione* nº 7195, de 27.03.2014, e nº 16993, de 20.08.2015.

indemnização: "(...) a perda pode assumir um valor também nulo quando existam circunstâncias que excluam ou tornem de toda remota, ao ponto de quase excluí-la, a obtenção do resultado".

VI. Constata-se, portanto, que o supremo tribunal italiano, ao recorrer à figura da perda de chance, no contexto da responsabilidade civil por ato médico, fê-lo tomando-a na aceção de dano emergente, autónomo do dano final e relativamente independente da intensidade da contribuição do lesante para a materialização deste último. A *Corte di Cassazione*, neste aresto, pôs ainda em evidência a *mutabilidade* da perda de chance, ao assinalar que a sua natureza varia de acordo com o respetivo enquadramento normativo e a própria natureza do dano final a que se encontre associada[152].

3.4. Apreciação crítica e insuficiência do enquadramento tradicional da perda de chance

I. A análise do processo de surgimento e expansão da perda de chance, nos sistemas francês e italiano – os dois sistemas jurídicos continentais em que a figura tem encontrado maior expressão –, permitiu-nos recolher alguns dados com o maior interesse e estabelecer algumas conclusões preliminares, que passamos a resumir da seguinte forma:

a) A constatação de que, na sua génese ou motivação funcional, a perda de chance traduz um fenómeno essencialmente idêntico em todos os seus múltiplos domínios de aplicação, pelo que não se justificam, em nosso entender, distinções apriorísticas ou não alicerçadas normativamente, em especial a respeito da responsabilidade civil por ato médico;

b) A constatação de que, dessa motivação funcional ou mesmo oportunística, resulta a fungibilidade entre a conceção da perda de chance como dano autónomo, por um lado, ou como expressão de um entendimento mais flexível a respeito do nexo de causalidade,

[152] O acórdão em causa insere-se, aliás, na tendência de alargamento da ressarcibilidade dos danos não patrimoniais no Direito italiano. Na verdade, apesar da redação do artigo 2059º do CCI, segundo o qual esses danos apenas podem ser indemnizados nos casos legalmente previstos, a *Corte Constitucional* e a *Corte di Cassazione* têm vindo a impor, ao longo do tempo, uma interpretação ampla, constitucionalmente orientada, do referido preceito legal (neste sentido, *vide* o interessante acórdão da *Sezioni Unite Civili* da *Corte di Cassazione*, de 11.11.2008, nº 26972).

por outro, o que é historicamente evidenciado, com clareza, pela evolução da jurisprudência da *Corte di Cassazione* a propósito da responsabilidade civil por ato médico;

c) A perceção de que, algo paradoxalmente, a receção da perda de chance no quadro do sistema de responsabilidade civil, seja pela via do dano, seja pela via do nexo de causalidade, enfrenta dificuldades de relevo, o que se prende com a própria génese e expansão da figura, feita fundamentalmente por via jurisprudencial e, portanto, de forma periférica e sem uma base cientificamente sólida;

d) Não obstante, a constatação de que a perda de chance é apresentada, segundo a tendência dominante na jurisprudência dos tribunais superiores francês e italiano, em boa medida secundada pela doutrina desses dois países, como um dano patrimonial emergente, atual e autónomo;

e) A conclusão de que esse entendimento não se apresenta, mesmo nos ordenamentos jurídicos francês e italiano, inteiramente convincente, sendo dificilmente explicável, em especial, como se concilia, em termos normativamente sustentados, o pressuposto da autonomia da perda de chance com a circunstância de o seu reconhecimento ou indemnizabilidade depender do grau de probabilidade de materialização da vantagem ou utilidade a que chance se refere (o mesmo seria dizer, a probabilidade de materialização do próprio dano final que se alega não ser indemnizado)[153];

f) A convicção de que a autonomia da perda de chance só é aceitável em vista de uma relativa indiferença quanto àquele grau de probabilidade, tendência que parece aflorar, recentemente, nos domínios da responsabilidade civil profissional e da responsabilidade civil por ato médico;

g) Parece assim que, embora traduzindo uma motivação funcional idêntica, a perda de chance tende a ser recebida, nos quadros do sistema, de forma diversa, segundo o entorno normativo da situação típica considerada e a natureza do dano final a que se refere, o que conduziria à recusa de uma teoria geral da perda de chance;

[153] Sublinhando este aspeto, questiona Paulo Mota Pinto "(...) *que autonomia pode restar a uma chance cuja relevância indemnizatória depende, em toda a linha, do grau de probabilidade* de verificação do evento a que a mesma se refere?" – cf. "Perda de chance processual", cit., p. 1290.

h) A perceção de que, quando encarada de uma perspetiva meramente patrimonial, a conformação da perda de chance como dano emergente e autónomo se apresenta, em larga medida, falaciosa[154], muito embora a qualificação alternativa como critério de avaliação da causalidade jurídica colida com os parâmetros normalmente adotados e, em especial, com o crivo praticamente hegemónico da *conditio sine qua non*[155].

II. Por interessantes que sejam, os dados coligidos não nos conduzem a parte nenhuma, apenas se saldando na insuficiência e na recusa do enquadramento dogmático tradicional da perda de chance. Torna-se necessário, portanto, averiguar que propostas têm sido aventadas noutras doutrinas que não a francesa e a italiana – e, em especial, na doutrina alemã – e que possam constituir alternativa válida, em termos gerais, para o enquadramento dogmático da perda de chance.

3.5. A conceção estritamente normativa da perda de chance

I. Uma proposta alternativa de enquadramento dogmático da perda de chance traduz-se naquilo que poderíamos designar por um conceção estritamente normativa da figura, que aflora no pensamento de alguns autores alemães e, em especial, de NILS JANSEN. Na verdade, num importante artigo sobre o tema[156], este Autor pretendeu demonstrar que "(...) a ideia

[154] Também este aspeto é enfatizado por PAULO MOTA PINTO: "É claro que, apesar de, segundo o senso comum, se distinguir entre oportunidades ou «chances» e «eventos finais», aquelas não são, porém, algo que exista *empiricamente*. Trata-se de meras perspetivas de evolução, uma realidade que influi sobre o valor dos bens – quer pessoais, quer patrimoniais –, mas que *não é negociável autonomamente destes*. Constituem, neste sentido, uma *situação ou posição económica não autónoma* dos elementos que integram o património ou a esfera jurídica do seu titular, e que não pode ser negociada autonomamente" – cf. "Perda de chance processual", cit., p. 1287.

[155] Salientando que, "(...) em conformidade com a função fundamentadora da indemnização, e não apenas delimitativa, que a «perda de chance» desempenharia (...)", as objeções que se erguem contra a indemnização desta se referem à própria existência de um dano, e não apenas à sua quantificação, não podendo ser superadas pelo recurso do julgador à equidade, nos termos do artigo 566º, nº 3, do CC, cf. PAULO MOTA PINTO, "Perda de chance processual", cit., p. 1309.

[156] Cf. "The idea of a lost chance", in *OJLS*, 1999, vol. 19, pp. 271-296. Do mesmo Autor, não diretamente sobre a perda de chance, mas contendo reflexões importantes, designadamente, sobre a articulação entre as noções de justiça comutativa e justiça distributiva na responsabilidade civil e a estruturação do âmbito da proteção normativa dos bens jurídicos, cf. *Die*

de perda de chance é em geral um conceito útil no domínio da responsabilidade civil, e deve ser adotado pelo Direito inglês e alemão", não por razões de ordem lógica ou empírica, mas porque o que está em causa é "(...) construir um direito adequado", tendo em conta argumentos de ordem intra-sistemática e também considerações de *policy*[157]. Arrancando da constatação de que quer o Direito inglês, quer o Direito alemão, oferecem apenas soluções de tudo ou nada em casos em que o lesante apenas aumentou o risco de verificação do dano[158], o que acaba por revelar-se, em concreto, arbitrário[159], NILS JANSEN sustenta que a ideia de perda de chance pode constituir o instrumento adequado para superar essas dificuldades.

Quanto à essência do fenómeno, NILS JANSEN reconhece que a perda de chance "(...) efetivamente transforma problemas de prova da causalidade em termos de avaliação do dano"[160], mas salienta que "(...) o elemento essencial desta ideia é normativo: "(...) ela refere-se a direitos (normas) e não a aspetos causais (factos)"[161]. Por outras palavras, trata-se aqui de convolar a própria chance num direito, tese que tem a vantagem, segundo o Autor, de "(...) lidar com o nosso problema dentro dos parâmetros dos antigos conceitos da *conditio sine qua non* ("but-for causation"), lesão ("harm") e prejuízos"[162], evitando uma mudança radical, designadamente do critério a adotar quanto à causalidade jurídica.

Esta tese opera, portanto, uma verdadeira refundação da perda de chance, cuja indemnizabilidade deixa de estribar-se num suposto valor patrimonial ou de troca: "não há mercado para as oportunidades de renegociar contratos, não há mercado para as chances de obter um emprego, e a chance de vencer um concurso de beleza obviamente não pode ser vendida"[163]. Todo o fundamento da perda de chance passa a residir no

Struktur des Haftungsrechts – Geschichte, Theorie und Dogmatik ausservertraglicher Ansprüche auf Schadensrsatz, Tübingen, 2003, maxime pp. 129-136 e 495-509..

157 *Ibidem*, p. 275.

158 *Ibidem*, p. 277.

159 *Ibidem*, p. 279.

160 *Ibidem*, p. 282.

161 *Ibidem*, p. 283.

162 *Ibidem*, p. 285.

163 *Ibidem*, p. 289. No último exemplo, JANSEN refere-se ao *leading case* Chaplin v Hicks, que historicamente marca o início do percurso da perda de chance no direito inglês. No caso concreto, o réu, responsável pela gestão de um teatro, havia promovido, através de um jornal, um concurso cujo prémio era a atribuição de "theatrical engagements" às doze vencedoras.

próprio Direito: "(...) a proteção das chances é importante para a proteção dos direitos finalisticamente colocados em perigo, pois em casos em que só resta uma chance, não há mais nada a perder senão a própria chance. Esta é a razão pela qual as pessoas encaram como muito importante que o Direito proteja estas chances. O Direito Privado não pode ficar aquém dessa proteção. Se a responsabilidade civil não protege vítimas contra a perda de chances, fica aquém das exigências constitucionais"[164].

Na primeira fase do concurso, deveriam ser escolhidas cinquenta concorrentes pelos leitores do jornal com base nas fotografias publicadas. Na segunda fase, o réu deveria entrevistar essas cinquenta concorrentes e proceder à seleção das doze vencedoras. Seis mil mulheres concorreram ao concurso e a autora foi escolhida pelos leitores como uma das cinquenta possíveis vencedoras, mas não foi informada da entrevista oportunamente e as doze vencedoras foram escolhidas sem que lhe tenha sido concedida a oportunidade de participar na fase final do concurso. Não obstante a impossibilidade de demonstrar que o prémio teria sido alcançado não fora a infração cometida (entendida, no caso, como incumprimento contratual), foi-lhe atribuída uma indemnização de £ 100, pela perda de chance de vitória nessa competição. Das pronúncias dos juízes do *Court of Appeal* neste caso, parece resultar que o fundamento da indemnização repousa não na suposição de um verdadeiro valor de mercado da chance, mas numa perda ficcionada ou, mais claramente, na equiparação entre a lesão do direito a uma prestação contratual (ainda que secundária ou instrumental), com aptidão lucrativa, e a existência de um dano. Assim, lê-se na pronúncia de VAUGHAN WILLIAMS LJ: "É verdade que não pode afirmar-se a existência de um mercado. Nenhuma das cinquenta concorrentes poderia ter ido ao mercado e alienado o seu direito; o seu direito era pessoal e insuscetível de ser transmitido. Mas um júri pode bem adotar o entendimento segundo o qual esse direito, caso pudesse ter sido transmitido, teria sido de tal forma valioso que toda a gente reconheceria que um bom preço poderia ser obtido por ele". Já na pronúncia de FLETCHER MOULTON LJ pode ler-se: "Nos casos em que, ao abrigo de um contrato, uma pessoa tem direito a pertencer a um leque limitado de concorrentes, ela possui algo de valioso e é dever do júri determinar o valor pecuniário dessa vantagem, se esta lhe for retirada". Sobre os contornos e os fundamentos desta decisão, *vide* ANDREW BURROWS, *A Casebook on Contract*, 2ª ed., Oxford e Portland, Oregon, 2009, pp. 346-350.

[164] *Ibidem*, p. 292. Quais sejam, precisamente, as exigências constitucionais em causa é coisa que já não resulta, com clareza, do pensamento NILS JANSEN. Criticando, aliás, este argumento, também na doutrina alemã, refere HELMUT KOZIOL: "antes de se invocar o direito constitucional para uma reformulação fundamental do direito privado, no sector da responsabilidade civil, dever-se-ia considerar que existem boas razões para a proteção, no quadro da responsabilidade civil, de bens jurídicos fundamentais, mas não de chances, por um lado, e que provavelmente podem ser encontradas soluções ao nível do direito privado que se encontrem em conformidade com o sistema ("systemkonforme"), por outro lado – cf. "Schadenersatz für den Verlust einer Chance?", in *Festschrift für Hans Stoll zum 75.Geburtstag*, Tübingen, 2001 (pp. 233-250), p. 246. Referindo ainda a dificuldade em conceber a chance como um bem jurídico autónomo, para efeitos de ressarcimento no quadro da responsabilidade civil por

II. Ainda na doutrina alemã, tendo fundamentalmente em vista os casos de responsabilidade civil profissional de prestadores de serviços (em especial, médicos e advogados), GERALD MÄSCH sustenta que a indemnização pela perda de chance retira o seu fundamento de um dever contratual, ainda que implícito, de preservação ou garantia da chance, cuja violação gera o dever de indemnizar por um dano autónomo, distinto do dano final[165].

De acordo com o entendimento de MÄSCH, não se tornaria necessário operar qualquer alteração ou desvio ao critério de causalidade e às normais exigências de prova, que não se refeririam ao dano final, mas a um dano autónomo de perda de chance, cuja ressarcibilidade seria reclamada pela violação de deveres específicos entre sujeitos determinados[166]. Desta perspetiva, tal ressarcibilidade encontra-se limitada às conformações casuísticas em que o devedor se ache obrigado a preservar e promover ativamente a realização da chance, não sendo de admitir no domínio da responsabilidade civil delitual, diversamente do que propõe JANSEN[167].

III. Quanto a nós, porém, as teses de JANSEN e MÄSCH têm o efeito de deslocar inteiramente o problema para o plano da ilicitude, na qual a

ato médico, que seria sustentável em face do Direito francês, mas não em face do Direito alemão, vide HANS STOLL, "Schadenersatz für verlorene Heilungschancen vor englischen Gerichten in rechtsvergleichender Sicht", in *Festschrift für Erich Steffen zum 65. Geburtstag am 28.Mai 1995 – Der Schadenersatz und seine Deckung*, Walter de Gruyter/Berlim/Nova Iorque, 1995 (pp. 465-478), p. 475, e MARIA KASCHE, *Verlust von Heilungschancen – Eine rechtsvergleichende Untersuchung*, Frankfurt am Main, 1999, pp. 224 e ss.

165 Cf. *Chance und Schaden*, Tübingen, 2004, pp. 240-248.

166 *Ob. cit.*, pp. 267-268.

167 *Ob. cit.*, pp. 273-274. De assinalar que a posição de MÄSCH – semelhante à adotada, entre nós, por CARNEIRO DA FRADA (cf. *Direito Civil...*, cit., pp. 104-105) – coincide, neste ponto, com o entendimento tradicional sobre a indemnizabilidade da perda de chance no Direito inglês, entretanto já aí superado: embora originariamente associada a casos de responsabilidade civil contratual, não parece que a indemnização pela perda de chance se encontre hoje confinada a esse domínio, não residindo o seu fundamento na distinção entre *contract* e *tort*, ainda que a jurisprudência mantenha uma persistente reserva à sua extensão aos casos de *physical injury* – cf. M.A. JONES, "Causation in tort: general principles", in *Clerk & Lindsell on Torts*, 9ª ed., Londres, 2006, p. 85, TONY WEIR, *An Introduction to Tort Law*, 2ª ed., Oxford, 2006, p. 80, *Winfield and Jolowicz on Tort*, 7ª ed. (por W.V.H. ROGERS), Londres, 2006, p. 289, SIMON DEAKIN/ANGUS JOHNSTON/BASIL MARKESINIS, *Markesinis and Deakin's Tort Law*, 7ª ed., Oxford, 2012, pp. 238 ss, e MARK LUNNEY/KEN OLIPHANT, *Tort Law: Text and Materials*, Oxford, 2013, pp. 216 e ss.

própria exigência do dano acaba por diluir-se: dir-se-ia que a verificação do ilícito contém já em si o dano a indemnizar. De outra perspetiva, mas não menos verdadeira, pode dizer-se que esta tese acaba por prescindir do próprio dano, quando entendido como alteração (concretizada ou previsível) na esfera patrimonial do lesado. Julgamos, por isso, que este modo de ver apenas poderá encontrar aplicação nos domínios da responsabilidade civil por danos não patrimoniais e, em especial, no domínio da responsabilidade civil por ato médico.

3.6. A ideia de causalidade alternativa

I. Vale a pena, portanto, atentar na reflexão de KOZIOL sobre este tema. Na verdade, KOZIOL veio refutar a viabilidade de qualificação da figura, em geral, como um dano patrimonial autónomo, no quadro do sistema alemão da responsabilidade civil[168]. Segundo refere este Autor, a ideia de autonomia patrimonial da chance é contrariada, em princípio, pela consagração, no Direito alemão, de um conceito subjetivo de dano – a apurar com recurso ao método da diferença ("Differenzmethode") –, a que se soma a impossibilidade, em muitos casos, de atribuir àquela um "valor próprio, autónomo e avaliável"[169]. Assim, nesses casos, estaria em causa, afinal, um problema de incerteza quanto ao desenlace da sequência causal hipotética (que teria acontecido, se a chance não tivesse sido destruída)[170].

Procurando reordenar a perda de chance de modo conforme ao sistema, KOZIOL acaba por enfileirar com a opinião expressa por alguma doutrina alemã a respeito da responsabilidade civil por ato médico[171], reconhecendo que, nos casos tipicamente enquadrados com recurso à perda de chance, justifica-se a atribuição ao lesado de uma indemnização parcial, designa-

[168] *Loc. cit.*, pp. 239 e ss.

[169] *Loc. cit.*, pp. 240-242. Esta constatação traduz o confronto entre a unidade funcional da perda de chance, por um lado, e a diversidade das situações em que ela opera, por outro. KOZIOL dá a este respeito, aliás, um exemplo muito ilustrativo: "Um agricultor encomenda uma substância para a proteção das suas plantas que, se tivesse sido aplicada na altura certa, possivelmente teria permitido salvar os seus campos infestados por parasitas. O fornecedor atrasa-se, pelo que o tratamento contra os parasitas inicia-se demasiado tarde; já não é possível verificar se as plantas poderiam ter sido salvas em caso de fornecimento atempado. Aqui não se trata da perda de uma chance que represente um valor patrimonial autónomo, mas sim de um efeito negativo sobre o património" – *loc. cit.*, p. 241.

[170] *Loc. cit.*, p. 243.

[171] Cf. HANS STOLL, *loc. cit.*, pp. 472 e ss., e MARIA KASCHE, *ob. cit.*, pp. 255 e ss.

damente em vista da função preventiva da responsabilidade: "(...) em casos de conduta claramente ilícita e culposa, não há razões para conceder uma isenção de responsabilidade ao lesante, devido à impossibilidade de esclarecer a sequência causal"[172].

II. No essencial, KOZIOL propõe o recurso às regras da autoria alternativa ("alternative Täterschaft") ou à ideia de co-responsabilidade ("Mitverantwortung") que lhe subjaz para assegurar ao lesado uma indemnização parcial, nos casos em que se verifique uma concorrência de causas a respeito do dano final (e único) a indemnizar: este seria suportado, pelo lesante, na medida em que tenha sido provocado pela sua conduta ilícita e, pelo próprio lesado, na parte remanescente, na medida em que decorra de uma causa concorrente inserida na respectiva esfera de risco[173]. O Autor concretiza a ideia num exemplo: "se um médico não iniciar o tratamento atempadamente, a morte do paciente pode ser causada ou pela omissão do tratamento atempado – isto é, por um facto gerador de responsabilidade – ou pelo estado da doença já na altura [em que o tratamento deveria ter sido iniciado], ou seja, uma circunstância que se encontra no âmbito de risco ["Risikobereich"] do paciente. O que há de especial aqui é que um incidente gerador de responsabilidade entra em concorrência com um incidente de que não resulta responsabilidade (...)"[174].

Segundo explica o Autor, este modo de ver radica na conceção segundo a qual, existindo vários possíveis agentes que tenham atuado de forma ilícita e culposa, e não sendo viável identificar o autor do dano, devem responder todos solidariamente, sem prejuízo de direito de regresso. Para tal, exige-se apenas a demonstração de que a conduta de cada um dos agentes, isoladamente da conduta dos demais, pudesse ser considerada causa do dano, tendo em conta o perigo concretamente criado e o grau de probabilidade de concretização do dano efetivamente ocorrido. KOZIOL propugna um alargamento da mesma orientação às situações em que esteja em causa não condutas alternativas ilícitas de diversos agentes, mas uma confluência

[172] *Loc. cit.*, p. 247.

[173] *Loc. cit.*, p. 247.

[174] *Loc. cit.*, pp. 247-248. Segundo refere o Autor, esta construção é admitida, em especial, pelo supremo tribunal austríaco, seguindo a doutrina de BYDLINSKI (cf. "Haftungsgrund und Zufall als alternativ mögliche Schadensursachen", in *Festchrift für Gerhard Frotz*, 1993, p. 3 e ss., *apud* KOZIOL, *loc. cit.*, p. 248, nota 65).

entre uma conduta ilícita, por um lado, e fatores que integram já a esfera de risco do lesado, por outro. O argumento é, afinal, de maioria de razão: justifica-se, nesses casos, uma responsabilidade parcial ("Teilhaftung"), dado que a própria responsabilidade solidária dos agentes que tenham atuado ilicitamente, em termos alternativos, se funda numa "causalidade meramente potencial" e também acabam por responder parcialmente, tendo em conta o respetivo direito de regresso[175].

III. Trata-se, como é manifesto, de mais um ensaio reconstrutivo da perda de chance de inegável interesse jus-científico, também normativamente alicerçado – embora em termos diferentes dos sustentados por JANSEN – e que produz o efeito prático desejado de superar a lógica binária do tudo ou nada. A isto acresce que a respetiva fundamentação, embora aduzida fundamentalmente a respeito da responsabilidade civil por ato médico, é extensível aos casos em que a perda de chance se refira diretamente a bens ou vantagens patrimoniais, diversamente do que nos parece suceder, em princípio, com a teoria de JANSEN, conforme acima se referiu[176].

Esta construção parece, todavia, encontrar-se estreitamente ligada ou dependente da existência de uma norma similar, no sistema concretamente considerado, à constante do § 830º, I, do BGB, que permite expressamente responsabilizar o coautor ou participante ainda que não tenha sido possível comprovar o nexo causal entre a respetiva conduta e o dano ocorrido, estabelecendo-se, efetivamente, uma relação de causalidade meramente potencial ou alternativa. A teoria ensaiada por KOZIOL não se reveste, portanto, de validade e alcance gerais.

3.7. Posição adotada

I. Como já se antecipara acima, é evidente a dificuldade em proceder à qualificação jurídica da perda de chance e, em particular, à respetiva caracterização como dano emergente ou lucro cessante.

Em particular, e reiterando a recusa de uma noção estritamente económica de dano, parece ser de afastar a hipótese de atribuir um valor de

175 *Loc. cit.*, pp. 248-249.

176 A mesma ideia, de confluência entre o contributo causal ilícito do lesante e fatores inseridos na esfera de risco do lesado, aflora ainda no acórdão tirado pela *Corte di Cassazione* em 4.03.2004 (nº 4400), a respeito da responsabilidade civil por ato médico.

uso à perda de chance (por exemplo, de êxito numa ação judicial ou num procedimento adjudicatório público), não parecendo, igualmente, que deva reconhecer-se-lhe um valor de *troca*, suscetível de ser determinado segundo as regras a que obedece o normal funcionamento de um mercado[177].

II. Acrescem ainda duas considerações que concorrem no sentido de uma posição negativa quanto à configuração da perda de chance como dano emergente, patrimonial e autónomo, considerações estas que decorrem de uma visão operativa do sistema da responsabilidade civil.

Por um lado, deve assinalar-se que o círculo do dano patrimonial indemnizável é traçado pela comparação ou confronto entre a situação existente e a situação atual hipotética (cf. artigos 562º e 566º, nº 2, do CC), sendo que, pela sua própria idiossincrasia, a expectativa ou a chance não se encontrarão refletidas na situação atual hipotética: como estádio de um processo em desenvolvimento, estas estão condenadas a consolidar-se e a transmutar-se no direito – ou, mais amplamente, na situação jurídica definitiva – ou, em alternativa, a desfazerem-se ou perderem-se irremediavelmente[178].

Por outro lado, através da análise das espécies jurisprudenciais que apreciam casos de perda de chance, não se vislumbra, normalmente, qualquer indício quanto à fixação de um valor patrimonial autónomo de perda de chance, sendo este, via de regra, decalcado dos lucros cessantes (ou do prejuízo que poderia ter sido evitado)[179]. Pode, pois, afirmar-se que este dado corrobora, empiricamente, a convicção de que não está em causa um

[177] No mesmo sentido, cf. PAULO MOTA PINTO, "Perda de chance processual", cit., p. 1287, e notas 154 e 163 *supra*.

[178] Não ignoramos, com isto, as limitações de que padece, hoje reconhecidamente, a teoria da diferença (cf., em especial, PAULO MOTA PINTO, Interesse Contratual..., cit., pp. 553 e ss., *maxime* pp. 803 e ss.). No entanto, a circunstância de o mecanismo previsto no artigo 566º, nº 2, do CC, não detetar qualquer dano indemnizável parece-nos constituir a mera corroboração, dinâmica ou diacrónica, da irrelevância patrimonial da chance enquanto bem autónomo.

[179] Ilustra bem este dado a própria explanação constante do acórdão do STJ de 05.02.2013: "(...) a reparação da perda de uma chance deve ser medida, em relação à chance perdida, e não pode ser igual à vantagem que se procurava. Consequentemente, a indemnização não pode ser nem superior nem igual à quantia que seria atribuída ao lesado caso se verificasse o nexo causal entre o facto e o dano final, devendo, assim, corresponder ao valor da chance perdida. Para tanto, importa proceder a uma tarefa de dupla avaliação, isto é, em primeiro lugar, realizar a avaliação do dano final, para, em seguida, ser fixado o grau de probabilidade de obtenção da vantagem ou de evitamento do prejuízo, em regra, traduzido num valor percentual. Uma vez obtidos tais valores, aplica-se o valor percentual que representa o grau de probabilidade

valor patrimonial próprio, mas simplesmente uma fração ou antecipação de lucros cessantes relativamente incertos.

III. Em face do que antecede, reiteramos, pois, a nossa convicção, já anteriormente expressa noutros locais[180], de que não existem razões, em face do nosso ordenamento jurídico, para sustentar uma posição favorável quanto à admissibilidade da configuração da perda de chance como dano patrimonial, emergente e autónomo.

Embora não ignoremos que, mesmo entre nós, vários autores[181], a par de uma certa linha de orientação jurisprudencial[182], vêm crescentemente sustentando a indemnização da perda de chance como dano patrimonial autónomo, acompanhamos, assim, PAULO MOTA PINTO na convicção de que tais posições são frequentemente "(...) expressas sem confronto com os parâmetros gerais em que se move o direito da indemnização no nosso sistema (designadamente com a noção de dano relevante)"[183]. E neste mesmo

ao valor correspondente à avaliação do dano final, constituindo o resultado de tal operação o valor da indemnização a atribuir pela perda da chance".

[180] Cf. *Indemnização...*, cit., pp. 264 e ss.

[181] Cf. nota 97 *supra*.

[182] Para uma resenha da jurisprudência dos nossos tribunais superiores, sobretudo em matéria de responsabilidade civil do mandatário forense, pode ver-se RUI CARDONA FERREIRA, "A perda de chance revisitada (a propósito da responsabilidade do mandatário forense), *ROA*, 2013, pp. 1301 e ss, e, em termos mais atualizados e desenvolvidos, PAULO MOTA PINTO, "Perda de chance processual", cit., pp. 1301 e ss. Em todo o caso, em várias decisões jurisprudenciais recentes, os próprios tribunais não têm deixado de suscitar dúvidas sobre a autonomia do dano de perda de chance ou *apertado o crivo* relativo à exigência da probabilidade de materialização da chance. Assim, por exemplo, o Ac. do STJ de 11.01.17, proferido no proc. nº 540/13.1T2AVR.P1.S1, onde expressamente se assinala que "no nosso ordenamento jurídico, a identificação de um dano constitui pressuposto incontornável de toda a responsabilidade civil e, em geral, a mera perda de uma chance não terá virtualidade jurídico-positiva para fundamentar uma pretensão indemnizatória". E também no aresto tirado pelo TRL, em 14.09.17, no proc. nº 1069-16.1YRLSB-6, se afirma que a indemnização da perda de chance "depende da existência de um elevado e consistente grau de probabilidade de concretização da oportunidade alegadamente perdida" e que, para aferição desse grau de probabilidade, é decisiva "(...) a realização de uma prognose póstuma, não apenas ao nível da aferição da dimensão do dano e sua importância mas também, e sobretudo, no quadro da ponderação da emergência da obrigação de indemnizar, designadamente no contexto da avaliação da concretização do pressuposto nexo de causalidade que se deve continuar a exigir ainda que aligeirado (...)".

[183] Cf. "Perda de chance processual", cit., p. 1300.

sentido se pronuncia também RUI SOARES PEREIRA, assinalando que "mesmo que se defenda que, com a configuração das situações de «perda de chance» como dano intermédio, autónomo e individualizado, não se torna necessário desvirtuar a aplicação dos pressupostos clássicos da responsabilidade civil, designadamente do nexo de causalidade, por se continuar a exigir a prova de uma conexão causal entre a conduta ilícita e a «oportunidade perdida», nos termos do artigo 563º do Código Civil, a verdade é que esse exigência se considera satisfeita por força da extensão do conceito de dano indemnizável, sendo tal extensão essencialmente motivada pela crença na necessidade de uma segunda linha de defesa para o lesado, capaz de lhe garantir uma reparação que, de outra forma, estaria arredada, em virtude da aplicação das regras gerais"[184].

Com isto, posicionamo-nos ainda ao lado de HELMUT KOZIOL, que refuta a viabilidade de qualificação da perda de chance, em geral, como um dano patrimonial autónomo, no quadro do sistema alemão da responsabilidade civil[185]. Segundo refere este Autor, e conforme já adiantado, a ideia de autonomia patrimonial da chance é contrariada, em princípio, pela consagração, no Direito alemão, de um conceito subjetivo de dano – a apurar com recurso ao método da diferença ("Differenzmethode") –, a que se soma a impossibilidade, em muitos casos, de atribuir àquela um "valor próprio, autónomo e avaliável"[186].

Também com KOZIOL, e ainda que a sua proposta de enquadramento dogmático não seja transponível para o Direito português, o que nos parece estar em causa é, afinal, um problema de incerteza quanto ao desenlace da sequência causal hipotética (que teria acontecido, se a chance não tivesse sido destruída)[187], o que, obviamente, nos remete para o complexo (e inesgotável) tema da causalidade.

IV. Decorre do exposto, da nossa perspetiva, que a indemnização pela perda de chance só pode ser construída, em termos dogmaticamente satisfatórios e quando esteja em causa um dano patrimonial, através da admissibilidade de uma modelação do critério de causalidade com base na ideia de criação ou elevação ilícita de um risco de materialização do dano final

184 Cf. O Nexo de Causalidade..., cit., p. 1203.

185 *Loc. cit.*, pp. 239 e ss.

186 Loc. cit., pp. 240-242.

187 *Loc. cit.*, p. 243.

(o único, quanto a nós, a indemnizar, ainda que apenas parcialmente), embora mesmo este enquadramento seja considerado inviável *de jure condito* por reputados autores nacionais[188].

Curiosamente, e apesar de trabalhada, sobretudo, pela doutrina penalista, a ideia de erigir o risco em critério de causalidade, ou imputação, aflora, com clareza, nos próprios elementos históricos que precederam a aprovação do CC. Com efeito, no artigo 850º do Anteprojeto do CC, na sua versão extensa, Vaz Serra propôs um preceito com seis números, sob a epígrafe "nexo causal", do qual vale a pena reproduzir aqui os nºs 1 a 3, conforme segue:

> "1. Não existe o dever de indemnização quando o facto, segundo a sua natureza geral e as regras da vida corrente, era indiferente para que surgissem danos da espécie dos produzidos, de sorte que, apenas por circunstâncias extraordinárias, se tornou tal facto uma condição dos mesmos danos.
>
> 2. Não é necessário que o facto, tido como causa jurídica do dano, dê só por si lugar a este, bastando que seja condição do mesmo dano e satisfaça o requisito do parágrafo antecedente.
>
> 3. O facto é indiferente para a produção do dano, quando, pela sua natureza geral, isto é, sem as qualidades desprovidas de importância jurídica e tida em conta a idoneidade das outras qualidades para a produção de um resultado como o que se verificou, segundo a experiência da vida, o perigo de que o dano se produza não é aumentado por esse facto, o qual também não altera os perigos atuais. Não se têm em consideração os aumento ou alterações tão pequenos que ninguém, em geral, conta com eles."[189]

Deve, aliás, assinalar-se que o recurso à teoria da conexão do risco[190] e à teoria da causalidade adequada, na sua formulação negativa, conduzem, na generalidade dos casos, a resultados idênticos, embora aquela primeira teoria tenha a vantagem de se ter desprendido do lastro histórico – com fundamento normativo não evidente – da *conditio sine qua non*[191]. E, na verdade, a opção do legislador por um determinado modelo de causalidade –

[188] Cf. secção 3.1. *supra*.

[189] In "Direito das Obrigações – Anteprojeto (parte extensa)", in *BMJ*, nº 100, pp. 342-343.

[190] Sobre a origem e os contornos da teoria da conexão do risco, oriunda do Direito penal, pode ver-se, em termos relativamente sumários, Rui Cardona Ferreira, *Indemnização...*, cit., pp. 318 e ss.

[191] Cf. Rui Cardona Ferreira, *Indemnização...*, cit., pp. 292 e ss.

entre nós, pela teoria da causalidade adequada –, além de dever ser sempre situada historicamente de modo a não impedir o progresso jus-científico, não pode, simplesmente, ter o efeito de isentar de responsabilidade certas áreas do ordenamento jurídico e da vida em sociedade.

As finalidades preventiva e punitiva prosseguidas, ainda que acessoriamente, pela responsabilidade civil, não se compaginam com a preservação de *zonas francas* em que a situação jurídica violada raramente tenha correspondência numa indemnização. Há, aqui, uma exigência de congruência normativa que também não pode ser ignorada, dado que todo o Direito, para se atualizar, para se fazer vida real, vida concreta, reclama que a respetiva inobservância seja adequadamente sancionada.

V. Não significa isto, porém, que propugnemos uma ressarcibilidade generalizada da perda de chance ou a simples substituição da teoria da causalidade adequada por uma outra noção geral de causalidade, o que redundaria, obviamente, na mera substituição de um modelo monolítico de responsabilidade civil por outro modelo também monolítico, com consequências potencialmente desastrosas quanto à segurança jurídica e à própria distribuição dos riscos inerentes à vida em sociedade. O que nos parece é que, a essa visão do sistema, tem de opor-se a ideia de mobilidade dos pressupostos, ou da respetiva geometria variável, a ajustar segundo grupos de casos, à luz das suas especificidades típicas, do respetivo enquadramento normativo e dos valores jurídicos coenvolvidos.

Com efeito, as necessidades a que a perda de chance pretende prover são reais e justificadas, também no domínio da contratação pública, ainda que o enquadramento tradicional da figura, como dano patrimonial emergente e autónomo, se revele artificioso. É intuitivo, aliás, que a opção pela simples negação da existência de um dano indemnizável constituiria uma fonte de injustiça e deixaria insatisfeita qualquer das finalidades reconhecidamente desempenhadas pela responsabilidade civil.

No plano da função ressarcitória, a recusa de indemnização afigurar-se-ia insatisfatória, porque a lesão sofrida pelo concorrente preterido teria por efeito transformar a possibilidade, ainda que incerta, de obtenção da adjudicação e de celebração do contrato, na certeza da sua impossibilidade. No plano, ainda que subsidiário ou acessório, das funções punitiva e preventiva da responsabilidade civil, a recusa da indemnização da perda de chance e a subsequente limitação daquela ao interesse contratual negativo

– em especial, às despesas com a preparação das candidaturas ou propostas – também não contribuiria em nada para *incentivar* as entidades adjudicantes ao cumprimento escrupuloso da legalidade, aí incluindo os princípios basilares da igualdade e da imparcialidade: dir-se-ia que o *crime* (ou, pelo menos, o *desrespeito dos interesses legítimos* dos concorrentes) *compensa*.

VI. Em suma, o que sucede, quanto a nós, é que a atuação ilícita das entidades adjudicantes agrava, em determinadas condições, a aleatoriedade ou o grau de risco de não adjudicação – que sempre resultaria, nalguma medida, da natureza da estrutura do procedimento e dos poderes administrativos coenvolvidos –, ao ponto de convolar a incerteza quanto à obtenção dessa vantagem na certeza da sua não obtenção.

A qualificação da intervenção ilícita da entidade adjudicante como tendo aumentado de forma juridicamente intolerável o risco de não adjudicação gera *ipso facto* o dever de indemnizar o dano correspondente.

Adiante ver-se-á, mais concretamente, que papel julgamos dever ser desempenhado pela perda de chance no específico domínio da responsabilidade civil das entidades adjudicantes[192].

[192] Para uma concretização deste critério nos domínios da responsabilidade civil do mandatário forense e da responsabilidade civil por ato médico, cf., nomeadamente, Rui Cardona Ferreira, "A perda de chance revisitada...", cit., pp. 1301-1329, e "A perda de chance na responsabilidade civil por ato médico", cit., pp. 131-155.

§4º
A obrigação de indemnizar emergente da preterição ilícita de concorrente

4.1. O artigo 7º, nº 2, do RRCEE

I. Apesar de o CCP prever, nalguns artigos, obrigações de indemnizar a cargo da entidade adjudicante (cf. artigos 27º, nº 6, 76º, nºs 1 e 3, 79º, nº 4, e 105º, nº 3), nenhuma delas se refere, propriamente, à preterição ilícita de um concorrente. Como tal, deve, aliás, afastar-se, desde já, a ideia segundo a qual se poderia extrair, dessas várias disposições, um princípio de limitação da indemnização, nos procedimentos adjudicatórios públicos, ao interesse contratual negativo.

O que se compreende, de resto, da perspetiva da harmonia do sistema, dado que sobre a matéria versa, conforme se verá em seguida, o artigo 7º, nº 2, do RRCEE.

II. Com efeito, no que se refere à responsabilidade civil das entidades adjudicantes por facto ilícito, o ponto de partida, no plano do Direito positivo, é dado pelo artigo 7º, nº 2, do RRCEE. Todavia, não obstante o legislador ter adotado disposição expressa sobre esta matéria, a verdade é que a mesma não tem conteúdo precetivo próprio, sendo meramente remissiva: na versão originária, a remissão do artigo 7º, nº 2, do RRCEE era feita para os termos gerais da responsabilidade civil da Administração, constantes do próprio RRCEE, e hoje é feita para as regras de Direito da União Europeia aplicáveis[193].

[193] Sobre as razões históricas e o propósito imediato da adoção pelo legislador do artigo 7º, nº 2, do RRCEE, *vide* MARIA JOSÉ RANGEL DE MESQUITA, *O Regime da Responsabilidade*

Relativamente ao regime geral da responsabilidade pela violação do Direito da União Europeia, a jurisprudência do TJ tem-se limitado a afirmar, no essencial, que a mesma assenta em três pressupostos, a saber: "(...) que a regra de direito violada tenha por objeto conferir direitos aos particulares, que a violação seja suficientemente caracterizada[[194]] e, por último, que exista um nexo de causalidade direto entre a violação da obrigação que incumbe ao Estado e o prejuízo sofrido pelas pessoas lesadas"[195].

No mesmo aresto, o TJ não deixou de assinalar, porém, que "(...) a exclusão total, a título de prejuízo reparável, do lucro cessante não pode ser aceite em caso de violação do Direito Comunitário (...)"[196].

III. Já no domínio específico da contratação pública, a Diretiva 89/665/CEE, do Conselho, de 21 de dezembro de 1989, que coordena as disposições legislativas, regulamentares e administrativas relativas à aplicação dos processos de recurso em matéria de contratos de direito público, apenas estabelece que os órgãos jurisdicionais devem dispor da faculdade de atribuir indemnizações aos lesados, não regulando os termos em que essas indemnizações devem ser atribuídas – cf. artigo 2º, nº 1, alínea c), da referida diretiva.

Civil Extracontratual do Estado e Demais Entidades Públicas e o Direito da União Europeia, Coimbra, 2009, pp. 49 e ss., Carlos Fernandes Cadilha, *Regime...*, cit., pp. 157 e ss., Rui Medeiros / Patrícia Fragoso Martins, anotação *sub* artigo 7º, nº 2, in AA.VV., *Comentário ao Regime da Responsabilidade Civil Extracontratual do Estado...*, cit. pp. 181 e ss., e Rui Cardona Ferreira, *Indemnização...*, cit., pp. 17 e ss.

[194] A definição de violação suficientemente caracterizada apresenta-se complexa, devendo ser tidos em conta, conforme se lê no mesmo aresto, elementos tão diversos como "(...) o grau de clareza e de precisão da regra violada, o âmbito da margem de apreciação que a regra violada deixa às autoridades nacionais ou comunitárias, o carácter intencional ou involuntário do incumprimento verificado ou do prejuízo causado, o carácter desculpável ou não de um eventual erro de direito, o facto de as atitudes adotadas por uma instituição comunitária terem podido contribuir para a omissão, a adoção ou a manutenção de medidas ou práticas nacionais contrárias ao direito comunitário" – in Ac. do TJ de 05.03.96, processo C-46/93 ("Brasserie du Pêcheur"), nº 56.

[195] In Ac. do TJ de 05.03.96 ("Brasserie du Pêcheur"), nº 51. Sobre a responsabilidade civil pela violação do Direito da União Europeia, cf. também, nomeadamente, os Acs. do TJ de 13.11.1991, processos apensos C-6/90 e C-9/90 ("Francovich"), de 05.03.1996, processo C-48/93 ("Factortame III"), de 23.05.1996, processo C-5/94 ("Lomas"), e de 08.10.1996, processos apensos C-178/94, C-179/94, C-188/94, C-189/94 e C-190/94 ("Dillenkofer").

[196] In Ac. do TJ de 05.03.96 ("Brasserie du Pêcheur"), nº 87.

Por sua vez, a Diretiva 92/13/CEE, do Conselho, de 25 de fevereiro de 1992 – relativa aos processos de recurso referentes a contratos públicos a celebrar pelas entidades que operam nos habitualmente designados sectores excluídos (água, energia, transportes e telecomunicações) – contém, efetivamente, uma disposição especial em matéria de responsabilidade civil, embora limitada ao interesse contratual negativo, estatuindo que a indemnização pelos custos incorridos pelo concorrente preterido "com a preparação de uma proposta ou a participação num procedimento de celebração de um contrato" depende, unicamente, da verificação da ilicitude (objetiva) da conduta lesiva adotada pela Administração e da demonstração de uma "possibilidade real de lhe ser atribuído o contrato", que tenha sido prejudicada por efeito daquela conduta (cf. artigo 2º, nº 7).

Estas disposições mantêm-se inalteradas na revisão das referidas diretivas operada pela Diretiva 2007/66/CE, do Parlamento Europeu e do Conselho, de 11 de dezembro de 2007, transposta para a ordem jurídica interna através do Decreto-Lei nº 131/2010, de 14 de dezembro.

Importa aqui esclarecer que a alusão, constante da Diretiva 92/12/CEE, ao interesse contratual negativo não pode ter por efeito uma redução do âmbito da indemnização que resultaria da aplicação do Direito interno e das respetivas regras gerais de responsabilidade civil, nem sequer quanto aos contratos diretamente abrangidos por essa diretiva, tendo a mesma, inequivocamente, uma finalidade garantística, ou ampliativa, do âmbito da responsabilidade das entidades adjudicantes e não uma finalidade restritiva[197].

IV. Decorre do exposto que a determinação do regime da responsabilidade civil das entidades adjudicantes continua a não dispensar, mesmo depois da entrada em vigor do artigo 7º, nº 2, do RRCEE – e da correspondente remissão para o Direito da União Europeia –, que sejam consideradas as regras gerais que integram o sistema de responsabilidade civil português.

[197] O artigo 2º, nº 7, da Diretiva 92/13/CEE parece ter em vista, sobretudo, os Direitos nacionais em que a atribuição de uma indemnização, mesmo limitada ao interesse contratual negativo, dependeria, de acordo com as regras gerais dos respetivos sistemas de responsabilidade civil, da demonstração da elevada probabilidade de êxito do concorrente preterido, não fora o ilícito verificado, como é o caso do Direito alemão (cf. secção 4.4. *infra*). O artigo 2º, nº 7, da Diretiva 92/13/CEE serve, ainda, o óbvio propósito de dispensar o pressuposto da culpa da entidade adjudicante, facilitando, também por essa via, a obtenção de uma indemnização.

Em especial, inserindo-se o ilícito praticado pelas entidades adjudicantes no contexto de um procedimento funcionalmente orientado para a adjudicação e a celebração de um contrato, a responsabilidade civil daí emergente deve ser qualificada ou aproximada ao instituto da *culpa in contrahendo*, como já se referiu acima e tem sido salientado, acertadamente, pela jurisprudência dos nossos tribunais administrativos[198].

Como também já se referiu, a *culpa in contrahendo* encontra-se consagrada, entre nós, no artigo 227º do CC, cujo nº 1 determina que "quem negoceia com outrem para conclusão de um contrato deve proceder segundo as regras da boa fé". A sujeição da atividade administrativa ao princípio da boa fé não oferece, aliás, qualquer dúvida, atendendo, desde logo, ao disposto no artigo 266º, nº 2, da Constituição[199].

V. Esta problemática já foi abordada acima, tendo-se concluído cabalmente que não é questionável a existência, em geral, de um dever de celebrar o contrato, ou seja, um dever de prosseguir o procedimento pré-contratual e de escolher a melhor proposta com vista à celebração do contrato, conquanto que essa proposta não se situe aquém dos patamares de exigência previamente fixados pela própria entidade adjudicante.

De outra forma, aliás, não se compreenderia a existência de uma reserva de não adjudicação por motivos de interesse público, hoje limitada às hipó-

[198] Cf. secção 1.3. *supra*. Propugnando o afastamento do instituto da *culpa in contrahendo*, cf. VERA EIRÓ, *A Obrigação de Indemnizar*..., cit., pp. 617 e ss. Pela nossa parte, recusamos uma suposta suficiência de determinadas normas reguladoras da obrigação de indemnizar a cargo das entidades adjudicantes para delimitar o âmbito da indemnização: esse exercício nunca poderá dispensar a inserção de tais normas no sistema ou subsistema de responsabilidade civil convocável e, em especial, o apelo ao instituto da *culpa in contrahendo*.

[199] Antes do acolhimento constitucional e legal do princípio da boa fé, no domínio da atividade administrativa, referia já FAUSTO DE QUADROS: "Também a Administração Pública está obrigada a obedecer à *bona fide* nas relações com os particulares. Mais: ela deve mesmo dar, também aí, o exemplo aos particulares da observância da boa fé, em todas as suas várias manifestações, como núcleo essencial do seu comportamento ético" (in "O concurso público na formação do contrato administrativo", in *ROA*, 1987, p. 725). Lugares de destaque, no processo de afirmação da sujeição da Administração aos deveres da boa fé e à *culpa in contrahendo*, merecem também o Parecer do Conselho Consultivo da Procuradoria-Geral da República nº 138/79, de 20 de dezembro, e o conhecido caso da privatização da Sociedade Financeira Portuguesa (cf. *A Privatização da Sociedade Financeira Portuguesa*, AA.VV., Lisboa, 1995, *passim*). Sobre a sujeição da Administração ao princípio da boa fé, na doutrina recente, *vide* PEDRO MONIZ LOPES, *Princípio da Boa Fé e Decisão Administrativa*, Coimbra, 2011, *passim* e pp. 207 e ss.

teses contempladas no artigo 79º do CCP[200]. Recorde-se ainda que a própria lei, no artigo 76º, nº 1, do CCP, refere-se expressamente a um dever de adjudicação.

A esta luz, é hoje ainda mais fácil acompanhar a posição de SINDE MONTEIRO, quando referia, há já muito tempo, que "(...) a indemnização parece dever orientar-se pelo interesse positivo na hipótese de ilícita/culposa não adjudicação de um contrato em concurso público"[201], desde que, naturalmente, se achem verificados os respetivos pressupostos e, em especial, o nexo de causalidade entre o ilícito e os lucros cessantes[202].

Importa, portanto, arredar, definitivamente, o preconceito, tradicionalmente apregoado, da limitação apriorística do âmbito da indemnização ao interesse negativo, na *culpa in contrahendo*, devendo o critério determinante do âmbito da indemnização residir na existência, ou não, de um dever de celebração do contrato e na exigência, com alcance geral, de congruência entre o evento lesivo e a indemnização (cf. artigos 562º do CC e 3º, nº 1, do RRCEE)[203]. Mas, sendo assim, torna-se necessário aprofundar a análise e procurar apreender – ou desmistificar – as razões que têm contribuído, na prática, para impedir uma plena afirmação, ou concretização jurisprudencial, desta posição de princípio.

4.2. A (limitada) discricionariedade das entidades adjudicantes

I. Uma das razões que, a nosso ver, têm contribuído, mesmo que subliminarmente, para as hesitações da jurisprudência neste domínio é a ideia segundo a qual a decisão de adjudicação, e a consequente celebração do contrato objeto do procedimento, radicam numa ampla margem de livre

[200] Cf. secção 5.1. *infra*.

[201] Cf. "Culpa in contrahendo", in *CJA*, nº 42 (2003), p. 12.

[202] Quando este pressuposto faltar – seja em face dos parâmetros normalmente adotados em matéria de causalidade, seja em face de uma noção de causalidade mais flexível, quando tal se considere admissível –, quedará o direito a indemnização pelas despesas frustradas, nos termos do artigo 2º, nº 7, da Diretiva 92/13/CEE.

[203] A própria jurisprudência do STJ tem, aliás, afirmado que a indemnização fundada em responsabilidade civil pré-contratual pode ter por medida, em determinados casos, o interesse contratual positivo, nomeadamente, quando as negociações tenham atingido um desenvolvimento tal que o acordo se encontre substancialmente alcançado e pendente apenas de formalização – cf. o aresto tirado em 26.01.2006, publicado, com anotação favorável de NUNO MANUEL PINTO OLIVEIRA, in *CDP*, nº 20 (2007), pp. 26 ss, e o acórdão de 27.09.2012, proferido no proc. nº 3729/04.0TVLSB.L1.S1.

apreciação, ou discricionariedade de escolha, por parte da entidade adjudicante[204], especialmente quando esteja em causa o critério de adjudicação da proposta economicamente mais vantajosa, na vertente da melhor relação qualidade-preço (em que o critério de adjudicação é composto por um conjunto de fatores, e eventuais subfatores, relacionados com diversos aspetos da execução do contrato a celebrar) – cf. artigo 74º, nº 1, alínea a), do CCP[205]. No entanto, este ponto de vista só muito residualmente pode hoje encontrar apoio no regime jurídico aplicável.

Com efeito, sabe-se que uma das consequências da transposição para o Direito interno das diretivas europeias em matéria de contratação pública – plasmada, hoje em dia, no CCP –, foi o reforço das exigências de enunciação e publicitação dos fatores e subfatores de adjudicação e dos elementos que devem preenchê-los, bem como do respetivo coeficiente de ponderação (isto é, o peso relativo de cada subfator no fator de adjudicação respetivo e, por essa via, no juízo global de avaliação e graduação das propostas)[206].

Assim, se subjacente à determinação do critério, bem como dos fatores e eventuais subfatores de apreciação das propostas, há de estar, naturalmente, a intenção da entidade adjudicante de eleger o concorrente que ofereça melhores garantias de satisfação da necessidade pública concretamente em causa, a concretização dessa intenção é, em larga medida, objetivizada, referindo-se a avaliação "aos aspetos da execução do contrato submetidos à concorrência" – cf. artigos 42º, nº 3, e 75º, nº 1, do CCP.

[204] Neste sentido, mas em face de um quadro normativo muito diverso e já longínquo no tempo, vide Sérvulo Correia, *Legalidade e Autonomia...*, cit., pp. 696 e ss.

[205] Sobre a modificação do artigo 74º do CCP operada pela revisão de 2017, que em virtude de uma alteração *cosmética* ou meramente terminológica imposta pelas diretivas europeias deixou de consagrar a tradicional distinção entre os critérios de adjudicação da proposta economicamente mais vantajosa, por um lado, e do mais baixo preço, por outro, sem que com isso tenha impossibilitado a adjudicação apenas com base no preço mais baixo – cf. alínea b) do nº 1 do referido preceito legal –, *vide* João Amaral e Almeida, "O «novo» critério de adjudicação na revisão do Código dos Contratos Públicos: a proposta economicamente mais vantajosa (Parte I – o artigo 74º)", in *RDA*, nº 2 (maio/agosto 2018), pp. 5 e ss. Ainda sobre a avaliação das propostas, cf. também Pedro Gonçalves, *Direito dos Contratos Públicos*, cit., pp. 784 e ss.

[206] Cf. artigos 132º, nº 1, alínea n), e 139º do CCP. No direito pregresso, vide o artigo 66º, nº 1, alínea e), do Decreto-Lei nº 59/99, de 2 de março, e os artigos 89º, alínea l), e 94º, nº 1, do Decreto-Lei nº 197/99, de 8 de junho.

II. Acresce que o CCP veio conferir o máximo de concretização possível aos princípios da concorrência, da imparcialidade e da transparência, no que se refere à avaliação das propostas. Efetivamente, o legislador nacional não se bastou com a exigência de explicitação do critério de adjudicação, bem como, quando seja adotado o critério da proposta economicamente mais vantajosa (na vertente da melhor relação qualidade-preço), dos fatores e eventuais subfatores de apreciação das propostas e dos respetivos coeficientes de ponderação. A lei impõe que seja adotado um verdadeiro modelo de avaliação[207], de que resultam, necessariamente, uma pontuação global da proposta e pontuações parciais, relativas a cada fator ou subfator elementar – cf. artigos 132º, nº 1, alínea n), e 139º, nº 2, do CCP –, pontuações estas expressas numericamente e determinadas de acordo com uma escala de pontuação definida, para cada fator ou subfator elementar, "(...) através de uma expressão matemática ou em função de um conjunto ordenado de diferentes atributos suscetíveis de serem propostos para o aspeto da execução do contrato submetido à concorrência (...)" – cf. artigo 139º, nº 3, do CCP.

Além disso, o legislador não deixou de esclarecer que as pontuações parciais de cada proposta são atribuídas pelo júri através da aplicação da expressão matemática contida no modelo de avaliação, ou através de um juízo de comparação do atributo da proposta concretamente considerado com o conjunto ordenado de atributos suscetíveis de serem propostos – que integre, em alternativa à expressão matemática, esse modelo –, sendo a pontuação global da proposta obtida através da multiplicação das pontuações parciais pelos valores dos respetivos coeficientes de ponderação – cf. artigo 139º, nºs 5 e 2, do CCP.

[207] Como bem salienta RICARDO PEDRO, "(...) não se trata de qualquer modelo de avaliação, ou seja, sem prejuízo da discricionariedade permitida (em certos momentos) às entidades adjudicantes, o legislador não deixou de as vincular a certos parâmetros na definição do modelo de avaliação" – cf. "Critérios de adjudicação no Código dos Contratos Públicos (revisto)", in *Comentários à Revisão do Código dos Contratos Públicos* (coord. CARLA AMADO GOMES/RICARDO PEDRO/TIAGO SERRÃO/MARCO CALDEIRA), Lisboa, 2017, p. 511. Sobre a conformação do modelo de avaliação, cf., *inter alia*, JOÃO AMARAL E ALMEIDA/PEDRO FERNÁNDEZ SÁNCHEZ, *Temas de Contratação Pública*, Coimbra, 2011, pp. 371 e ss., e PEDRO GONÇALVES, *Direito dos Contratos Públicos*, cit., pp. 802 e ss.

III. Significa isto que a avaliação das propostas dos concorrentes, mesmo de acordo com o critério da proposta economicamente mais vantajosa (na vertente da melhor relação qualidade-preço), assenta hoje, em boa medida, não no preenchimento de conceitos indeterminados, mas em meros juízos verificativos ou de "accertamento", a empreender com base em instrumentos e conhecimentos científicos e técnicos, que se reconduzem ao reduto da tradicionalmente designada discricionariedade técnica[208].

A avaliação das propostas comporta, portanto, uma dimensão meramente verificativa muito para além dos fatores de avaliação tradicionalmente reconhecidos como puramente objetivos[209], como o preço ou o prazo de execução, uma vez que a liberdade de apreciação, ou de avaliação, pode ter-se esgotado – ou reduzido significativamente – na prévia elaboração do modelo de avaliação.

Em face da natureza diversa dos fatores e eventuais subfatores de avaliação das propostas, e do grau de exigência legal quanto à densificação do modelo de avaliação, deixou de ter justificação o dogma da genérica insindicabilidade contenciosa da atividade de avaliação e graduação das propostas dos concorrentes e da consequente decisão de adjudicação, salvo no que respeite à respetiva legalidade externa ou à eventual ocorrência de erro grosseiro ou manifesto ou de violação dos princípios gerais aplicáveis[210].

IV. Com efeito, e em resultado da exigência de um modelo de avaliação imposta pelo CCP, nos termos acima descritos, não estará propriamente em causa, em muitas situações, uma substituição da Administração que pudesse contender com a respetiva liberdade de apreciação e a reserva

[208] Cf., por todos, BERNARDO DINIZ DE AYALA, *O (Défice de) Controlo Judicial da Margem de Livre Decisão Administrativa*, Lisboa, 1995, p. 114.

[209] Assinalando que "(...) na fase de avaliação, é possível constatar a interseção de momentos juridicamente vinculados e momentos caracterizados pela intervenção de juízos de natureza intrinsecamente não objetiva e indefinida (discricionária)" e reconhecendo "(...) o esforço do legislador em «automatizar» ou «objetivar» a avaliação (...)", ainda que algum reduto de discricionariedade seja ineliminável, cf. PEDRO GONÇALVES, *Direito dos Contratos Públicos*, cit., pp. 807-808. E, como enfatiza ainda este Autor, especialmente no que concerne aos juízos de carácter não vinculado e não objetivo, não pode deixar de exigir-se que "(...) o órgão adjudicante apresente fundamentos objetivos e esclarecidos sobre o sentido das suas decisões (...)" – *ob. cit.*, p. 808.

[210] Cf., no sentido da orientação tradicional, *inter alia*, o aresto tirado pelo STA em 02.12.2004, relativo ao proc. nº 48079.

constitucional da atividade administrativa. O que estará em causa, normalmente, é uma reconstituição do concreto exercício dessa apreciação, mediante a observância, precisamente, dos parâmetros e dos termos plasmados, antecipadamente, no modelo de avaliação[211].

Por outro lado, deverá ainda ter-se presente a necessária distinção entre a tutela meramente ressarcitória e a tutela reintegradora dos concorrentes ilicitamente preteridos, sendo que, quando se trate de apreciar unicamente uma pretensão indemnizatória, não poderá haver lugar, mesmo em tese, ao exercício, pelo tribunal administrativo, de poderes de anulação, condenação ou substituição da Administração no desempenho de funções que lhe estejam reservadas[212].

Como tal, nenhum princípio constitucional obsta, nem sequer em abstrato, a que o juiz administrativo determine, segundo um juízo de prognose póstuma, qual teria sido o mérito reconhecido à proposta do concorrente ilicitamente preterido, se o ilícito em causa não tivesse sido cometido pela entidade adjudicante.

V. Em suma, pode concluir-se que a natureza dos poderes exercidos pela entidade adjudicante na avaliação e graduação das propostas não constitui,

[211] Como acima se referiu, a avaliação das propostas, de acordo com os parâmetros e termos do modelo de avaliação, deve ser reconduzida – pelo menos, nalguma medida (cf. nota 209 *supra*) – ao plano da discricionariedade técnica, cuja equiparação à verdadeira e própria discricionariedade só pode assentar num critério funcional (a insusceptibilidade de substituição pelo juiz administrativo de um juízo irredutivelmente opinativo ou subjetivo) e não numa identidade ontológica, que inexiste. Mas esta zona de sobreposição funcional tenderá hoje a regredir, com o alargamento dos meios de prova no contencioso administrativo e a admissibilidade de recurso à prova pericial. Tal evolução é patente, nomeadamente, na jurisprudência e na doutrina italianas, em que o âmbito de insindicabilidade reconhecido à discricionariedade técnica tem vindo a diminuir – cf. ROBERTO CARANTA, *Attività Amministrativa ed Illecito Aquiliano – La Responsabilità della Pubblica Amministrazione dopo la L. 21 Luglio 2000, nº 205*, Milão, 2001, pp. 112 ss, CERULLI IRELLI, *Corso di Diritto Amministrativo*, Turim, 2002, pp. 380-381, FRANCESCO CARINGELLA *Manuale di Diritto Amministrativo*, 2ª ed., Milão, 2007, pp. 959 ss, ELIO CASETTA/FABRIZIO FRACCHIA, *Manuale di Diritto Amministrativo*, 12ª ed., Milão, 2010, pp. 383 ss, e ROBERTO CHIEPPA/ROBERTO GIOVAGNOLI, *Manuale di Diritto Amministrativo*, Milão, 2011, pp. 360 e ss.

[212] Este dado é tanto mais evidente quanto a indemnização em dinheiro tende a ser arbitrada em face da impossibilidade de obtenção da indemnização em espécie, em resultado da invocação pela entidade adjudicante de causa legítima de inexecução da sentença anulatória e da consequente inviabilidade da reinstrução procedimental.

por si só e de um modo geral, obstáculo ao reconhecimento do direito do concorrente ilicitamente preterido a ser indemnizado pelos lucros cessantes que adviriam da execução do contrato objeto do procedimento, mesmo quando seja adotado o critério de adjudicação da proposta economicamente mais vantajosa (na vertente da melhor relação qualidade-preço).

Tudo depende, na verdade, da situação concretamente considerada, ou seja, dos atributos da proposta em causa, dos termos do modelo de avaliação adotado e do posicionamento relativo (mais ou menos distante entre si) dos diferentes concorrentes.

4.3. A tendencial inaplicabilidade da regra da *compensatio lucri cum damno*

I. A jurisprudência dos nossos tribunais administrativos tem amiúde suscitado dúvidas sobre a ressarcibilidade, em geral, dos lucros cessantes que teriam sido obtidos, pelo concorrente ilicitamente preterido, através da execução do contrato objeto de um dado procedimento pré-contratual, invocando a preservação da capacidade produtiva do concorrente lesado e a respetiva faculdade, mesmo abstrata, de participar noutros procedimentos pré-contratuais e de vir a executar os correspondentes contratos[213].

Não são claros, todavia, o fundamento normativo e o enquadramento dogmático dessa orientação jurisprudencial, que nos parecem indispensáveis à compreensão e à análise do problema. Em causa está, substancialmente, a regra da *compensatio lucri cum damno*, que apesar de não se encontrar positivada entre nós não deve, por essa razão, deixar de ser aplicada, na medida em que possa ser considerada inerente ao funcionamento do sistema e, designadamente, à relevância da situação atual hipotética e do nexo de causalidade (cf. artigos 562º e 563º do CC).

No entanto, o preciso conteúdo e o alcance dessa regra estão, há mais de um século, envoltos numa controvérsia interminável, detetando-se uma grande indefinição quanto às situações em que a mesma deve encontrar aplicação[214].

[213] Cf. nota 4 *supra*. Já no sentido da orientação que aqui reiteramos, cf. o acima mencionado acórdão do TCA Sul de 24.11.2016 (proc. 13.745/16).

[214] Sobre o tema, entre nós, *vide*, em especial, Paulo Mota Pinto, *Interesse Contratual...*, cit., pp. 710 e ss..

II. Pode, em qualquer caso, afirmar-se que o sentido essencial da *compensatio* é evitar que o lesado enriqueça, ou seja, impedir que a prática do facto lesivo, cumulado com a indemnização, tenham por efeito colocar o lesado numa situação melhor do que aquela em que estaria se o mesmo facto não tivesse ocorrido. Daqui resulta, desde logo, que a identificação das vantagens ou dos benefícios a compensar – na prática, a deduzir do *quantum* indemnizatório – não pode ser efetuada, simplesmente, com recurso à teoria da diferença (cf. artigo 566º, nº 2, do CC). É que, conforme assinala Luís Menezes Leitão, não se justifica "(...) admitir essa possibilidade nos casos em que o lucro não provém do facto que produziu o dano mas sim de outro facto"[215].

Embora assumindo uma posição de princípio favorável à relevância da *compensatio*, também Antunes Varela logo adverte, incisivamente: "(...) torna-se mister, no entanto, que entre o facto danoso e a vantagem obtida pelo lesado haja um verdadeiro nexo de causalidade e não uma simples coincidência acidental, fortuita ou casual"[216]. Por outras palavras, é indispensável, pelo menos, que o facto lesivo tenha constituído *conditio sine qua non* da vantagem ou do benefício a compensar ou mesmo que aquele se constitua causa adequada destes últimos[217]. Deste modo, se a vantagem ou o benefício em causa tiverem sido obtidos na ausência do facto lesivo ou se a respetiva obtenção não decorreu, segundo um critério de probabilidade ou normalidade, do facto lesivo, nada há a compensar.

Especialmente problemáticos, aliás, são os casos em que a vantagem ou o benefício não resultam diretamente do facto lesivo, mas pressupõem a mediação da atividade lucrativa do lesado, como sucede nas situações de responsabilidade que diretamente nos ocupam. A esse propósito, ensina ainda Antunes Varela que, se a vantagem em causa "(...) provém de um ato lucrativo praticado pelo próprio lesado, em termos que transcendem o dever acessório de conduta resultante do disposto no artigo 570º (...) não haverá lugar à *compensatio*"[218].

No mesmo sentido, mais recentemente, se pronuncia também Paulo Mota Pinto, que dá nota do insucesso de todos os critérios e fórmulas

[215] In *A Responsabilidade do Gestor perante o Dono do Negócio no Direito Civil Português*, Coimbra, 2005, p. 278.

[216] In *Das Obrigações em Geral*, cit., pp. 937-938.

[217] Cf. Paulo Mota Pinto, *Interesse Contratual...*, cit., p. 773.

[218] In *Das Obrigações em Geral*, cit., p. 938.

gerais ensaiados a respeito da *compensatio*[219] e conclui pela necessidade de uma abordagem valorativa e tipológica[220], referindo que "a «compensação de vantagens» resultantes da conduta do lesado está, pois, sujeita a um critério específico, prevalecente sobre a adequação ou a probabilidade da vantagem, e que resulta dos ónus que impendem sobre o lesado de não contribuir para a produção ou agravamento dos danos – embora a determinação destes possa não ser fácil no caso concreto"[221].

III. A resposta a este problema parece dever situar-se, assim, no plano axiológico e valorativo e não tanto na perspetiva da unicidade da fonte geradora do dano e da própria vantagem a compensar. Nesse plano, poderíamos ser tentados a discorrer sobre a questão, procurando avaliar se, da culpa do lesado, decorre para este, implicitamente, um verdadeiro dever de mitigar os danos incorridos ou um mero dever de não agravar os efeitos da lesão[222]. A distinção, todavia, poderia revelar-se mais aparente do que real e não esgotar a margem de controvérsia.

Com efeito, admitindo que a exclusão dos danos imputáveis ao lesado constitui expressão do princípio geral da boa fé ou, como se lê no segundo parágrafo do artigo 1227º do CCI, de um dever de ordinária diligência cuja inobservância determina a imputação das respetivas consequências ao próprio lesado[223], a conformação exata desse dever há de depender das circunstâncias concretas do caso e da projeção sobre estas daquele princípio geral[224]. Se é evidente que, na generalidade das situações, não será exigível ao lesado que *corra atrás do prejuízo* e atenue os efeitos negativos que não lhe são imputáveis – o próprio preceito da lei italiana, aliás, exclui

[219] *Interesse Contratual...*, cit., pp. 767 e ss.

[220] *Ibidem*, pp. 775 e ss. e p. 803.

[221] *Ibidem*, p. 783.

[222] Neste último sentido, *vide* ANTUNES VARELA, *Das Obrigações em Geral*, vol. I, cit., p. 938, nota 3.

[223] A redação do preceito legal citado – inserido, sistematicamente, no domínio do não cumprimento das obrigações, mas aplicável à responsabilidade delitual *ex vi* do artigo 2056º do CCI – é a seguinte: "Valutazione dei danni. – Se il fatto colposo del creditore ha concorso a cagionare il danno, il risarcimento è diminuito secondo la gravità della colpa e l'entità delle conseguenze che ne sono derivate. [§] Il risarcimento non è dovuto per i danni che il creditore avrebbe potuto evitare usando l'ordinaria diligenza." – cf. artigo 570º, nº 1, do nosso CC.

[224] Sobre a génese, o conteúdo e o fundamento normativo do dever – ou ónus – de conduta ativa do lesado, cf., em especial, BRANDÃO PROENÇA, *A Conduta do Lesado...*, cit.,, pp. 659 e ss., *maxime* pp. 672-675.

da indemnização, literalmente, apenas os danos que o lesado não tenha podido evitar –, já não parece que deva afastar-se em absoluto, de forma apriorística, a possibilidade de esse dever se perfilar como um verdadeiro dever de mitigação ou atenuação do dano.

Em particular, quando esteja em causa um ato lucrativo, inserido na atividade profissional ou comercial do lesado, e que este não poderia ter praticado ou alcançado não fora o ilícito ocorrido, mas que haja sido – ou pudesse ter sido – obtido, na situação concretamente considerada, usando de normal diligência, não se vê por que razão a boa fé objetiva não se há de projetar aqui sob a forma de um dever de mitigação do dano. Pelo contrário, o que nos parece que seria chocante seria permitir ao lesado que deixasse de exercer a sua atividade normal e de prosseguir as novas oportunidades lucrativas entretanto surgidas, tendo assegurada uma indemnização fundada, precisamente, na não concretização, e na correspondente não execução, de outro negócio lucrativo.

A responsabilidade civil desempenha, pelo menos acessoriamente, uma função preventiva ou punitiva que não se concilia facilmente com a impunidade do ato ilícito gerador de danos, mas também não pode premiar a inércia dos agentes económicos.

De uma perspetiva mais formal, poderá até afirmar-se que, no grupo de casos aqui considerado – em especial, quando o contrato cuja oportunidade de celebração se gorou seja de duração prolongada –, nem sequer se trata de mitigar ou atenuar danos sofridos, mas, verdadeiramente, de evitar a verificação dos lucros cessantes que futuramente adviriam da normal execução desse contrato. Dir-se-ia, impressivamente, que os lucros cessantes do contrato que deixou de celebrar-se e os lucros advenientes de contrato equiparável efetivamente celebrado (ou que deveria tê-lo sido) são fungíveis entre si.

IV. Assim, constata-se que, embora de forma pouco fundamentada ou explicitada, as reservas suscitadas, a este respeito, na jurisprudência dos nossos tribunais administrativos, radicam numa posição de princípio correta.

Desta conclusão não se segue, contudo, que se possa acompanhar em toda a linha a posição normalmente expressa nessa jurisprudência ou as consequências que dela se extraem, exageradamente limitativas do direito a indemnização. E isto por várias razões.

Em primeiro lugar, a *compensatio* pressupõe que o lesado tenha alcançado uma vantagem efetiva de alguma forma causalmente conectada com o facto lesivo ou que, de modo censurável, se tenha abstido de colher os proveitos de uma vantagem efetiva. Por isso, a manutenção da aptidão ou capacidade lucrativa não é, em si mesma, uma vantagem que possa ser compensada com o dano incorrido pelo concorrente ilicitamente preterido. Como elemento de certeza, esta situação só tem os custos inerentes em que o concorrente não deixará de incorrer.

Em segundo lugar, a verificação de uma vantagem compensável também não se confunde com a possibilidade abstrata de participação num procedimento para a adjudicação de outro contrato. A relevância, para este efeito, da mera possibilidade de participação e adjudicação de outro contrato enfrenta as mesmas dificuldades da demonstração da responsabilidade pela frustração da celebração do contrato em cujo procedimento o concorrente tenha sido preterido. Com a dificuldade acrescida de que, não tendo o lesado chegado a participar no novo procedimento, se torna ainda mais difícil, na generalidade dos casos, formular qualquer juízo quanto à respetiva probabilidade de êxito[225].

Em terceiro lugar, mesmo tendo o particular lesado concorrido e logrado obter a adjudicação noutro procedimento, a *compensatio* depende ainda da demonstração de que, não fora a preterição no primeiro procedimento, o mesmo particular não teria tido a possibilidade de se apresentar no segundo procedimento ou, pelo menos, de fazê-los nos termos que determinaram o sucesso aí alcançado. De outra forma, soçobra o pressuposto da relação de causalidade entre o ilícito cometido e a vantagem auferida. Este pressuposto será, hoje em dia, ainda mais difícil de demonstrar, tendo em conta a genérica admissibilidade do recurso à subcontratação na execução dos contratos públicos e, em especial, para efeitos de qualificação.

Em quarto e último lugar, parece claro que, mesmo nas situações, seguramente raras, em que a compensatio possa ser invocada contra o concorrente ilicitamente preterido, esta configura-se como facto impeditivo,

[225] Só em casos contados, portanto, pode conceber-se o recurso à *compensatio* com fundamento na não participação do concorrente preterido noutro procedimento adjudicatório. Isso só será possível, em princípio, quando se trate de procedimentos substancialmente idênticos, entre os quais diste pouco tempo de intervalo e em que a proposta apresentada no primeiro procedimento permita, desde logo, evidenciar uma vantagem inequívoca comparativamente com as propostas apresentadas pelos concorrentes no segundo procedimento.

modificativo ou extintivo do direito a indemnização e, como tal, a sua invocação constitui ónus da entidade demandada, não sendo de conhecimento oficioso (cf. artigo 342º, nº 2, do CC). Mesmo admitindo aqui alguma contemporização nas exigências de prova normalmente aplicáveis, estamos, certamente, muito longe de uma presunção geral de verificação do condicionalismo em que pode ocorrer a *compensatio*.

V. Em síntese, radicando, ainda que implicitamente, num pressuposto correto, a redução ou a recusa de indemnização ao concorrente preterido, com fundamento abstrato na manutenção da respetiva capacidade produtiva, extravasa, efetivamente, aquilo que são os limites aceitáveis da aplicação da *compensatio*.

Refira-se, aliás, que não se retira dos dados do direito positivo qualquer habilitação para reduzir o montante da indemnização por lucros cessantes, quando seja devida, para além dos precisos limites da *compensatio*. Pelo contrário, aproximando a situação vertente da resolução do contrato por razões de interesse público, ou do resgate da concessão, deve ter-se presente que, nos termos dos artigos 334º, n. 2, e 422º, nº 5, do CCP, respetivamente, o montante dos lucros cessantes deve apenas ser deduzido do benefício (financeiro) que resulte da antecipação dos ganhos previstos.

4.4. A determinação da indemnização

I. Importa agora clarificar os pressupostos – ou a sua articulação – da obrigação de indemnizar das entidades adjudicantes e o modo de determinação do montante da indemnização. Para esse efeito, e atendendo à similitude entre os sistemas de responsabilidade civil português e alemão, é particularmente útil ter presentes os dados que se podem colher no Direito germânico.

Com efeito, dá-se a circunstância de o § 181 GWB[226] – a lei de defesa da concorrência, entrada em vigor em 1 de Janeiro de 1958 e objeto, entretanto,

[226] A redação do mencionado preceito é a seguinte: "Hat der Auftraggeber gegen eine den Schutz von Unternehmen bezweckende Vorschrift verstoßen und hätte das Unternehmen ohne diesen Verstoß bei der Wertung der Angebote eine echte Chance gehabt, den Zuschlag zu erhalten, die aber durch den Rechtsverstoß beeinträchtigt wurde, so kann das Unternehmen Schadensersatz für die Kosten der Vorbereitung des Angebots oder der Teilnahme an einem Vergabeverfahren verlangen. Weiterreichende Ansprüche auf Schadensersatz bleiben unberührt". Por razões de comodidade na leitura, apresenta-se igualmente a respetiva tra-

de diversas revisões, – impor à entidade adjudicante o dever de indemnizar o concorrente preterido "pelos custos de preparação da proposta ou de participação no procedimento adjudicatório", caso aquele tivesse uma *verdadeira chance* de obter a adjudicação não fora a infração ocorrida[227].

A disposição em apreço transpõe para o direito interno alemão a norma constante do artigo 2º, nº 7, da Diretiva nº 92/13/CEE, relativa aos habitualmente designados sectores excluídos (abastecimento de água potável, eletricidade, transportes públicos e telecomunicações), embora o legislador alemão tenha optado por conferir-lhe alcance geral no domínio da contratação pública, o que constitui, ao menos aparentemente, um reforço da proteção jurídica secundária ("Sekundärrechtsschutz") em face das exigências que decorrem do Direito europeu[228].

II. A introdução desta disposição especial releva, no quadro do sistema alemão de responsabilidade civil, num duplo sentido: por um lado, permite fundar um direito a indemnização por parte do concorrente preterido independentemente do pressuposto da culpa[229]; por outro lado, concede mesmo um direito de indemnização a quem, ainda que verificado o pressuposto da culpa, em princípio não poderia obtê-la, dado que, segundo as

dução: "Se a entidade adjudicante infringir uma norma que tenha como escopo a proteção de concorrentes, e se o concorrente em causa tivesse tido, sem a ocorrência dessa infração, uma verdadeira chance de obter a adjudicação, que, em resultado da infração, foi afetada, o concorrente pode exigir uma indemnização pelos custos de preparação da proposta ou de participação no procedimento adjudicatório. Outros direitos de indemnização não são prejudicados". Este preceito foi introduzido na GWB por efeito da *lei de alteração às regras da contratação pública* ("Vergaberechtsänderungsgesetz"), originariamente como § 126, e entrou em vigor em 01.01.1999. Na revisão deste diploma legal operada em 2017, o preceito foi renumerado como § 181, mantendo intocada a redação anterior.

[227] Especificamente sobre o sentido e o alcance desta disposição, cf. FRIDHELM MARX, in *Beck'scher VOB-Kommentar* (coord. GERD MOTZKE/JOST PIETZCKER/HANS-Joachim Prieβ), Munique, 2001, pp. 2117-2120, ANNE RUBACH-LARSEN, "Damages under German law for infringement of EU procurement law", in *PPLR*, 2006, nº 4, pp. 179-194, STOCKMANN, in *Wettbewerbsrecht: GWB* (coord. IMMENGA/MESTMÄCKER), 4ª ed., Munique, 2007, pp. 2754-2774, ANDREA MARIA KULLACK, in *Handkommentar zur VOB*, WOLFGANG HEIERMANN *et alli*, 11ª ed., Wiesbaden, 2008, pp. 1652-1656, e OLAF OTTING, in *Kartellgesetz: GWB – Gesetz gegen Wettbewerbsbeschränkungen Kommentar* (coord. RAINER BECHTOLD), Munique, 2008, pp. 703-705.

[228] Assinalando este aspeto, STOCKMANN, *loc. cit.*, nº 1, p. 2755.

[229] Trata-se, segundo parece, de entendimento praticamente uniforme. Neste sentido, STOCKMANN, *loc. cit.*, nº 9, p. 2759, KULLACK, *loc. cit.*, nº 3, p. 1653, e MARX, *loc. cit.*, nºs 1 e 2, p. 2118.

regras gerais aplicáveis no direito alemão, tenderia a exigir-se, como condição de *qualquer indemnização*, a demonstração de que o concorrente ilicitamente preterido teria sido adjudicatário, não fora o ilícito praticado[230].

É este último aspeto, aliás, que explica que alguma doutrina alemã se refira, a respeito desta disposição legal, ao ressarcimento, legalmente imposto, de um dano fictício ("fiktiver Schaden") e que sustente que não está em causa, como tal, uma situação de responsabilidade civil, pelo menos na sua tradicional dimensão reparatória, mas o mero pagamento de uma quantia pecuniária com função de penalização ("Straffunktion")[231].

[230] Assim, Stockmann, *loc. cit.*, nº 10, pp. 2759-2760, e Kullack, *loc. cit.*, nº 2, p. 1652. Esta observação tem subjacente a regra geral constante do § 249 I BGB, que faz alinhar o dano com o dever de reconstituição da situação atual hipotética – tal como o artigo 566º, nº 2, do CC –, cuja redação é a seguinte: "Wer zum Schadensersatz verpflichtet ist, hat den Zustand herzustellen, der bestehen würde, wenn der zum Ersatz verpflichtende Umstand nicht eingetreten wäre". Por razões de comodidade na leitura, uma vez mais, damos também conta da respetiva tradução: "Quem se encontre obrigado ao ressarcimento de um dano deve repor a situação no estado em que se encontraria se o evento que dá lugar ao dever de indemnizar não se tivesse produzido". Stockmann reconhece, todavia, que se encontra verificado o pressuposto da causalidade, nos termos gerais, desde que o concorrente tivesse deixado de participar no procedimento em vista da infração cometida – o que traduz o racional habitualmente adotado, designadamente entre nós, a propósito da *culpa in contrahendo* –, embora a indemnização se encontre, também aí, limitada ao interesse contratual negativo (mas incluindo os lucros cessantes de contratos alternativos) – *loc. cit.*, nº 26, p. 2768.

[231] Neste sentido, Stockmann, *ibidem*, e Kullack, *ibidem*. Esta afirmação encontra-se estreitamente relacionada, todavia, com o pressuposto de que a atribuição de qualquer indemnização dependeria da demonstração do êxito do concorrente preterido, na ausência da falta cometida, o que nos parece muito duvidoso (cf. nota anterior). Mais do que o respeito pela liberdade de não contratar, que de alguma forma constitui o fundamento último da responsabilidade pré-contratual de Direito privado, está em causa o direito do interessado ou do concorrente à tramitação regular do procedimento. Dessa perspetiva, não faz sentido supor, na generalidade dos casos, que o concorrente não teria participado no procedimento e, como tal, teria deixado de efetuar as despesas que efetuou, pelo que uma aplicação cega da ideia de reconstituição da situação atual hipotética redundaria, efetivamente, na ausência de qualquer dano indemnizável. Mas também não seria aceitável e constituiria, a nosso ver, uma contradição axiológica flagrante, que quem tem mais do que a simples liberdade de não contratar se visse privado da indemnização que poderia obter, nas situações típicas de responsabilidade pré-contratual. Só nesse sentido pode, a nosso ver, falar-se aqui em dano fictício, ou seja, um dano que retira a sua própria razão de ser da violação do referido direito e não tanto de uma aplicação linear do critério da reconstituição da situação atual hipotética. A função da norma de responsabilidade em causa, assentando numa responsabilidade objetiva, também nos parece mais preventiva do que propriamente punitiva: pretende-se, afinal, assegurar, sem particulares dificuldades, a tutela indemnizatória aos concorrentes, embora

III. Deve referir-se, porém, que a indemnização a conceder ao abrigo do § 181 GWB se limita, nos termos da própria redação do preceito, aos custos de preparação da proposta ou de participação no procedimento adjudicatório, ou seja, ao interesse contratual negativo[232].

Para que o concorrente preterido tenha direito a tal indemnização, basta a verificação da violação de uma norma com escopo de proteção (como tenderão a ser as normas que regulam a matéria da contratação pública, com exceção das que se destinem unicamente à ordenação interna da atividade adjudicatória) e a comprovação de que o concorrente teria tido uma verdadeira chance de obter a adjudicação. Para o efeito desta disposição, e não obstante existirem decisões jurisprudenciais aparentemente mais exigentes ou restritivas, tem-se entendido que o concorrente preterido goza de uma verdadeira chance de adjudicação desde que reúna os requisitos de admissão ao procedimento, incluindo a capacidade técnica e a capacidade financeira exigíveis, e que, portanto, a entidade adjudicante estivesse obrigada a ter em conta a respetiva proposta ou candidatura[233].

No entanto, a existência da chance já deve ser negada sempre que o concorrente devesse ter sido igualmente preterido, ainda que com outro fundamento, desde que conforme à lei, o que constitui expressão da relevância causal do comportamento alternativo lícito ("rechtmäβiges Alternativverhalten")[234].

limitada ao ressarcimento dos respetivos custos, tendo em vista promover o funcionamento do mercado e da concorrência e impedir que os agentes económicos se inibam de participar nos procedimentos adjudicatórios em função do risco de verem o seu tempo e o seu dinheiro inutilmente empregues.

[232] Esta indemnização não depende da efetiva apresentação de uma proposta e abrange, em princípio, todos os custos conexos com o procedimento, designadamente, os custos de aquisição das peças do procedimento, de elaboração e entrega de uma candidatura ou de proposta, de comprovação da idoneidade ou da capacidade técnica ou financeira, de prestação de garantias e de visitas ao local de execução da prestação (em especial, quando estejam em causa empreitadas) ou outras diligências necessárias (cf. STOCKMANN, *loc. cit.*, nº 11, p. 2760, KULLACK, *loc. cit.*, nº 6, p. 1654, e MARX, *loc. cit.*, nº 4, p. 2119).

[233] Cf. STOCKMANN, *loc. cit.*, nº 14, p. 2761, e KULLACK, *loc. cit.*, nº 4, p. 1653.

[234] Cf. STOCKMANN, *loc. cit.*, nº 15, p. 2762. No mesmo sentido, KULLACK, *loc. cit.*, nºs 4 e 5, p. 1653, acrescentando, todavia, que a entidade adjudicante não pode invocar como fundamento alternativo de exclusão circunstâncias ou vícios de que padecesse também a proposta do efetivo adjudicatário e que não tenham sido invocadas contra este pela entidade adjudicante (*loc. cit.*, nº 10, p. 1655).

IV. Constata-se, portanto, que no Direito alemão da contratação pública a figura da perda de chance foi adotada, neste caso pelo legislador nacional sob inspiração europeia, como critério para avaliar a causalidade e dispensar o concorrente lesado do ónus de demonstrar que teria sido adjudicatário, não fora a falta cometida.

A perda de chance surge, assim, como pressuposto ou fundamento da indemnização – a par de uma violação objetiva de normas de contratação pública com escopo de proteção dos concorrentes –, mas não como dano indemnizável. Como se referiu, aliás, nos termos deste § 181 GWB, a indemnização encontra-se limitada ao interesse contratual negativo.

No entanto, tal como resulta expressamente ainda da mesma disposição legal, não se encontra excluído o direito a uma indemnização nos termos gerais aplicáveis segundo o Direito alemão e, nomeadamente, com fundamento em responsabilidade pré-contratual[235] ou, subsidiariamente, responsabilidade delitual, na modalidade de violação de normas legais com escopo de proteção[236].

A jurisprudência alemã tem mesmo afirmado, neste contexto, a indemnizabilidade do interesse contratual positivo, ou seja, os lucros cessantes que adviriam da execução do contrato, desde que o contrato tenha sido efetivamente adjudicado e o concorrente demonstre que, na ausência da falta cometida, ele teria sido adjudicatário[237]. O critério adotado pela jurisprudência alemã para determinar a probabilidade de adjudicação ao con-

[235] Cf. STOCKMANN, *loc. cit.*, nºs 18 e ss., pp. 2763 e ss., KULLACK, *loc. cit.*, nº 7, p. 1654. Durante muito tempo sem expressão positivada na lei civil alemã, a reforma de 2002 acabou por consagrá-la no atual § 311 II BGB, relativo à constituição de relações obrigacionais de génese negocial ou equiparável.

[236] Cf. STOCKMANN, *loc. cit.*, nºs 34 e ss., pp. 2771-2772, e KULLACK, *loc. cit.*, nº 7, p. 1654. A sede legal desta modalidade de responsabilidade civil é o § 823 II BGB, semelhante ao artigo 483º, nº 2, do CC.

[237] Cf. STOCKMANN, *loc. cit.*, nº 28, p. 2769, KULLACK, *loc. cit.*, nº 9, p. 1655, e RUBACH-LARSEN, *loc. cit.*, pp. 189 e ss.. Como explicam os autores citados, a exigência de que o contrato tenha sido efetivamente adjudicado prende-se com a recusa da jurisprudência alemã em reconhecer a existência de um dever de adjudicar, invocando o princípio geral da liberdade contratual. A indemnização do interesse contratual positivo surge, assim, como consequência da aplicação das regras gerais da responsabilidade civil e, em especial, do critério de reconstituição da situação atual hipotética *ex* § 249 I BGB. Esta orientação não é, contudo, seguida uniformemente, tendo já sido indemnizado o interesse contratual positivo num caso de anulação ilícita do procedimento adjudicatório (cf. KULLACK, *loc. cit.*, nº 10, p. 1655, e RUBACH-LARSEN, *loc. cit.*, p. 190).

corrente preterido não é evidente, mas parece detetar-se uma espécie de presunção judicial de que a adjudicação teria lugar, na ausência da falta cometida, quando o concorrente preterido apresentara a proposta de valor mais baixo, ainda que existam outros fatores a considerar, de acordo com o critério de adjudicação da proposta economicamente mais vantajosa[238].

V. Estes dados do Direito alemão parecem-nos, efetivamente, muito interessantes e elucidativos, em especial por três razões.

Em primeiro lugar, atestam que o âmbito da responsabilidade objetiva das entidades adjudicantes, resultante da transposição da normação europeia e com sede no § 181 GWB, se encontra limitada ao interesse contratual negativo, sem prejuízo do direito a indemnização de que o lesado possa beneficiar, nos termos gerais.

Em segundo lugar, refletem também a caracterização da chance[239] como critério para aferir a causalidade ou fundar a indemnização das despesas inutilmente incorridas com a participação no procedimento, mas não como um dano indemnizável em si mesma considerada. Aliás, se alguma doutrina alemã entende mesmo estar-se perante um dano fictício, em face das despesas inutilmente incorridas[240], por maioria de razão se há de recusar a configuração da perda de chance como dano patrimonial autónomo, tal como em geral já expusemos acima[241].

Em terceiro e último lugar, confirma a indemnizabilidade, em determinadas condições, dos lucros cessantes que adviriam para o concorrente preterido da execução do contrato em causa.

VI. Regressando agora ao ordenamento jurídico nacional, importa alinhavar, à luz do acima exposto, algumas considerações da maior relevância prática.

Assim, em primeiro lugar, cumpre recordar que a viabilidade de recurso à teoria da perda de chance não pode ter por efeito prejudicar os direitos dos concorrentes que, segundo os padrões de causalidade normalmente exigidos, deveriam ser indemnizados pela totalidade dos lucros cessantes.

[238] Cf. Kullack, *loc. cit.*, nº 10, p. 1655, e Rubach-Larsen, *loc. cit.*, p. 190.

[239] A figura foi aqui introduzida, como se referiu, por via legislativa, na decorrência do artigo 2º, nº 7, da Diretiva 92/13/CEE.

[240] Cf., todavia, notas 230 e 231 *supra*.

[241] Cf. secções 3.4. e 3.7. *supra*.

Convirá, pois, ter presente que não é impensável a existência de situações em que o particular deva ser indemnizado pela totalidade desse dano. Isto ocorrerá em casos extremos, onde não reste dúvida de que, não fora a preterição do concorrente ilicitamente levada a cabo pela Administração, a proposta ser-lhe-ia adjudicada e ele seria admitido a executar o contrato objeto do procedimento, auferindo as vantagens patrimoniais inerentes. Entre esses casos extremos estarão não apenas as situações em que se tenha perfilado unicamente um concorrente – ou em que haja uma pluralidade de concorrentes, mas os demais tenham sido ilegalmente admitidos a apresentar proposta – e as situações de revogação ilegal da adjudicação que anteriormente tenha sido feita ao concorrente lesado, mas também situações em que, atendendo aos termos do modelo de avaliação adotado e ao concreto vício ocorrido na apreciação das propostas, seja possível reconstituir com segurança qual teria sido a correta graduação dos concorrentes.

Em segundo lugar, não há lugar a indemnização quando a entidade adjudicante demonstre que, em qualquer caso, o concorrente não poderia ter sido adjudicatário, seja em face da qualidade da sua proposta, seja pela verificação de outras circunstâncias conducentes à respetiva exclusão. Neste caso, não deverá haver lugar a indemnização sequer pelo interesse contratual negativo, porque falta em absoluto o pressuposto da causalidade. No entanto, a possibilidade de a entidade adjudicante invocar causas de exclusão ou de *depreciação* da proposta do concorrente lesado deve ser controlada, à luz dos princípios da imparcialidade, da igualdade e da boa-fé.

Em terceiro lugar, no que respeita à indemnização do interesse contratual positivo e da perda de chance, o juiz deve fixar um limiar máximo da indemnização tendo em conta, além da álea inerente à execução do próprio contrato – o que pode depender do tipo contratual e das circunstâncias do mercado ou, ainda, das condições concretas em que a prestação contratual deva ser executada –, o benefício financeiro da respetiva antecipação, tratando-se de ganhos mais ou menos diferidos no tempo.

Por outro lado, na aferição do grau de probabilidade necessária para despoletar o dever de indemnização de lucros cessantes ou da perda de chance (enquanto sucedâneo daqueles e no pressuposto de a chance perdida revelar a necessária consistência), tenderão a relevar, mais concretamente, (i) o número de concorrentes, (ii) os resultados obtidos em procedimentos semelhantes, (iii) a conformação do ilícito e (iv) a apreciação das propostas, já efetuada pela entidade adjudicante ou a levar a cabo pelo tribunal para efeitos estritamente indemnizatórios, com recurso a prova pericial e nos limites permitidos pelo modelo de avaliação adotado e pela natureza dos poderes em causa.

Em quarto e último lugar, cumpre assinalar que o valor da indemnização da perda de chance, entendida como dano patrimonial do interesse contratual positivo, não é cumulável com a indemnização das despesas, que se inserem no âmbito do interesse contratual negativo: a incompatibilidade lógica dos respetivos pedidos indemnizatórios é flagrante.

4.5. As consequências nefastas da deslocação do problema para o processo executivo

I. Como já referido, o recurso a uma noção de indemnização pela perda de chance ou de oportunidade, e a inerente atribuição de indemnizações de montante mais reduzido, não pode prejudicar os direitos dos concorrentes que, segundo as regras gerais da responsabilidade civil e os padrões de causalidade normalmente exigidos, devam ser indemnizados pela totalidade dos lucros cessantes: apenas nos casos em que seja impossível reconstituir, com a desejável certeza, qual a posição que seria alcançada pelo concorrente preterido, não fora o ilícito praticado, está aberto o caminho à indemnização segundo a teoria da perda de chance.

Contudo, o caráter residual ou subsidiário da indemnização pela perda de chance tende a ser obnubilado e são frequentes as decisões que concluem pela condenação nessa indemnização, em detrimento da indemnização pelas despesas incorridas com a participação no procedimento adjudicatório ou pelos lucros cessantes.

E a verdade é que tal orientação não constitui, para os concorrentes ilicitamente preteridos, mais do que uma *vitória de Pirro*, tendo em conta a margem de subjetividade inerente à quantificação do dano segundo a equidade e o baixo valor das indemnizações habitualmente arbitradas.

II. Deve, aliás, referir-se que a ideia de uma indemnização pela perda de chance ou de oportunidade surge, neste contexto e à luz da jurisprudência nacional, com contornos de alguma singularidade, tanto em face do Direito comparado, como em face do próprio artigo 7º, nº 2, da Diretiva nº 92/13/CEE.

É que, recorde-se, nessa disposição – tal como, nomeadamente, na lei alemã (cf. § 181 GWB) –, o pressuposto ou requisito da chance, ou da probabilidade de obtenção da adjudicação, serve apenas para modelar a relação de causalidade exigível e fundar a indemnização, pelo menos, das despesas incorridas no procedimento adjudicatório. Não surge, seguramente, como dano autonomamente indemnizável, distinto tanto das despesas frustradas, como dos lucros cessantes.

Além disso, no nosso sistema de responsabilidade civil, e conforme também já se referiu, é duvidosa a admissibilidade, em geral, da perda de chance como dano patrimonial autónomo (e, como tal, autonomamente quantificável através do apelo à equidade), diversamente do que parece suceder, nomeadamente, no sistema de responsabilidade civil francês.

III. Quais são, pois, as razões desta singularidade, que apenas na aparência serve o propósito de assegurar a tutela dos direitos dos concorrentes na contratação pública? Supomos que essas razões são, no essencial, três.

a) A primeira dessas razões apresenta-se como um dado óbvio, mas espúrio. Trata-se da facilidade de manuseamento desta solução, que dispensa as entidades adjudicantes de uma defesa mais aturada e evita o aprofundamento da análise, o recurso à prova pericial e, em geral, a incursão em matérias técnicas ou frequentemente *indigestas* para o jurista. Mas esta é ainda, insiste-se, uma razão pré-jurídica, que nenhum crédito científico merece.

b) Em segundo lugar, surge uma razão já atendível, de ordem substancial, mas cuja invocação não tem em conta as especificidades do grupo de casos concretamente em apreço. Está aqui em causa a circunstância de a generalidade das situações de responsabilidade civil, no domínio da contratação pública, poder coincidir com a invocação de causa legítima de inexecução, nos termos do artigo 163º do CPTA.

No entanto, a *ratio* subjacente à ficção, neste contexto, de um dano autónomo, não encontra aplicação no domínio da contratação pública, em que, pelo menos, o interesse contratual negativo deveria ser, em princípio, indemnizado, por imposição expressa do legislador europeu (cf. o mencionado artigo 2º, nº 7, da Diretiva nº 92/13/CEE). E isto sem dependência da demonstração de culpa pelo lesado ou, sequer, a admissibilidade de prova de inexistência de culpa por parte do lesante.

Acresce que a necessidade de articulação entre a indemnização assim arbitrada e a verdadeira e própria indemnização pela preterição ilícita do concorrente pode conduzir a uma situação desequilibrada, seja por excesso, seja por defeito. Por excesso, quando se entenda que esta indemnização poderá acrescer à indemnização a alcançar pelo concorrente preterido em sede de responsabilidade civil. Por defeito, no cenário inverso, caso se lhe atribua efeito excludente da indemnização devida a título de responsabilidade civil.

c) Como terceira e última razão para este estado de coisas, mas estreitamente relacionada com o aspeto que acabámos de referir, cumpre aludir à ideia, tradicionalmente divulgada na jurisprudência[242] e na doutrina[243], segundo a qual não cabe, no âmbito do processo de execução de sentença anulatória, a pretensão de indemnização pela responsabilidade civil emergente da prática do ato ilícito anulado.

Parece-nos, porém, que esta solução não deveria vigorar no domínio da contratação pública. Por um lado, este entendimento, com a inerente exigência de ulterior recurso a uma ação administrativa de responsabilidade civil, não deixa de constituir um obstáculo à célere efetivação dos direitos dos particulares, como impõe o Direito da União Europeia. Por outro, a instrução da causa, num pedido de indemnização fundado em responsabilidade civil da entidade adjudicante – e uma vez que a indemnização se acha, em princípio, limitada pelo âmbito do contrato e não depende de culpa do lesante –, não tenderá a ser particularmente árdua.

Além disso, o âmbito da indemnização devida pela inexecução lícita da sentença anulatória pode bem coincidir, nalguns casos, com o âmbito da indemnização emergente do ato ilícito anulado[244], o que demonstra que é possível acomodar, mesmo sem adaptação do processo, esta última pretensão indemnizatória na tramitação do processo executivo.

[242] Cf., nomeadamente, os Acs. do STA de 2.06.2010 (proc. nº 1541-A/03), e do TCA Norte de 04.11.11 (proc. 213/06).

[243] Assinalando que a "indemnização devida pelo facto da inexecução" (cf. artigo 166º, nº 1, do CPTA) não abrange, em princípio, "a reparação de todos os danos que possam ter resultado da atuação ilegítima da Administração, que sempre poderá ser objeto de ação autónoma", cf. Mário Aroso de Almeida, *Manual de Processo Administrativo*, 3ª ed., Coimbra, 2017, p. 491.

[244] Cf. o aresto do TCA Sul de 22.03.2012, proferido no proc. nº 7045/10. Como este aresto evidencia, o que está em causa é um concurso de pretensões indemnizatórias que, embora alicerçando-se em títulos jurídicos diversos (atuação ilícita da entidade adjudicante vs. inexecução lícita da sentença anulatória), se referem, afinal, aos mesmos danos. Por isso mesmo, a obtenção de uma mera indemnização pela perda de chance, determinada em abstrato, por apelo à equidade e resultando em montantes frequentemente irrisórios (por vezes, inferiores ao valor das despesas frustradas cujo ressarcimento é expressamente imposto pelo Direito da União Europeia), não pode ser considerada satisfatória.

IV. Em suma, pelo menos no específico domínio da contratação pública, não se justifica uma artificial distinção entre a indemnização devida pelo facto da inexecução da sentença anulatória e a indemnização devida pelo ilícito pré-contratual, desde logo porque é a insusceptibilidade de execução dessa sentença que definitivamente consolida, quer o desaproveitamento económico das despesas efetuadas no âmbito do procedimento pré-contratual – quando a indemnização deva limitar-se ao interesse contratual negativo –, quer a frustração dos ganhos que poderiam ter advindo da execução contratual – quando sejam indemnizáveis os lucros cessantes ou, pelo menos, a perda de chance de obtê-los. Sem prejuízo, naturalmente, de o lesado poder intentar uma ação autónoma de responsabilidade civil para obter o ressarcimento destes danos.

É neste amplo sentido, aliás, que entendemos a posição hoje adotada pela mais autorizada doutrina, assinalando Mário Aroso de Almeida – apenas quanto ao dano de perda de chance, mas com fundamentos que consideramos extensíveis a todos os danos potencialmente em causa – que "(...) a indemnização por perda de chance não visa reparar um dano que sempre ficaria por reparar, mesmo que não se tivesse tornado impossível reconstituir a situação que deveria existir se não tivessem sido cometidas ilegalidades no âmbito do concurso e ele tivesse sido validamente decidido, mas, pelo contrário, visa reparar um dano que para o concorrente resulta do facto da inexecução da sentença – isto é, do facto de se ter tornado impossível reconstituir a situação em conformidade com a legalidade, praticando um novo ato, que, desta vez validamente, viesse determinar a posição em que a proposta apresentada pelo interessado teria ficado graduada no concurso"[245].

E à luz deste entendimento não será, certamente, a circunstância de o artigo 166º do CPTA ter permanecido intocado, na revisão desse código operada em 2015, que poderá impedir o ressarcimento destes danos no âmbito do processo executivo.

[245] Cf. *Teoria Geral do Direito Administrativo*, 4ª ed., 2017, p. 540.

§5º
A obrigação de indemnizar emergente de outras situações

5.1. Os casos de não adjudicação ou não celebração do contrato
5.1.1. Fundamentos e consequências indemnizatórias da não adjudicação lícita

I. Conforme já acima se referiu, o CCP estabelece, em diversas disposições, uma obrigação de indemnizar a cargo da entidade adjudicante, mas estão aí em causa situações diferentes da preterição ilícita de um concorrente no âmbito de um procedimento adjudicatório público.

Assim, no artigo 76º, nº 3, não se tem em vista a preterição de um concorrente ou sequer a omissão da adjudicação, mas um mero *atraso*, estabelecendo-se uma limitação ao interesse contratual negativo que é justificada pela *perda de interesse do credor* (o concorrente destinatário da adjudicação – feita após o decurso do prazo de manutenção das propostas – que desista do procedimento).

Já o artigo 79º, nº 4, apenas dispõe sobre situações de não adjudicação lícita, por razões de interesse público, o que determina a revogação da decisão de contratar (cf. artigo 80º, nº 1, do CCP) e o correspondente desaparecimento do dever de contratar.

Na verdade, e de acordo com o entendimento da fenomenologia que subjaz à contratação pública pioneiramente exposto, entre nós, por Sérvulo Correia[246], a existência de um dever de celebração do contrato não é incompatível com uma reserva de não adjudicação por razões de interesse público, o que sucede é que essa faculdade de não adjudicação não emerge de uma liberdade incondicionada.

[246] Cf. secção 1.2. *supra*.

Como assinalam, aliás, MARCELO REBELO DE SOUSA/ANDRÉ SALGADO DE MATOS, "a adjudicação é um ato predominantemente vinculado quanto à sua emissão: ela só pode não ter lugar nos casos enunciados taxativamente no artigo 79º, nº 1, do CCP (...)"[247]. Por isso mesmo, não pode a entidade adjudicante, à luz da lei portuguesa, inserir, nas peças do procedimento, cláusula que tenha em vista habilitar a decisão de não adjudicação para além dos limites legalmente permitidos[248].

Ainda neste sentido, JOÃO AMARAL E ALMEIDA / PEDRO FERNÁNDEZ SÁNCHEZ esclarecem que é do próprio princípio da legalidade da competência que emerge uma "(..) restrição à margem de livre decisão das entidades administrativas (...)", a qual "(...) inviabiliza o reconhecimento de uma reserva de não adjudicação, isto é, de um poder para livre revogação ou suspensão dos efeitos da prévia decisão de contratar (...)", do mesmo passo que "(...) permite identificar estritas condições em que a entidade adjudicante pode concluir o procedimento sem proceder à adjudicação de qualquer proposta"[249].

II. A delimitação de tais condições é o que consta hoje das alíneas c) e d) do artigo 79º do CCP, onde se determina que não há lugar à adjudicação, extinguindo-se o procedimento, quanto, respetivamente, *por circunstâncias imprevistas, seja necessário alterar aspetos fundamentais das peças do procedimento* e *circunstâncias supervenientes relativas aos pressupostos da decisão de contratar o justifiquem.*

Vê-se, assim, que as condições em que a lei admite uma não adjudicação lícita, fundada em razões de interesse público, não são tão *estritas* assim, não exigindo a mencionada alínea c) que se tratem de circunstâncias *imprevisíveis* – basta que, efetivamente, não tenham sido previstas – e

[247] Cf. *Contratos Públicos – Direito Administrativo Geral*, tomo III, 2ª ed., Lisboa, 2009, p. 118

[248] Conforme já havia decidido o STA em face do Decreto-Lei nº 197/99, de 8 de junho – cf. acórdão de 07.07.2005, tirado no processo nº 352/2004. Sustentando, todavia, uma interpretação mais generosa para as entidades adjudicantes, quer quanto à admissibilidade de cláusulas de não adjudicação, quer quanto ao leque de razões de interesse público invocáveis para fundar uma decisão de não adjudicação, *vide* BERNARDO AZEVEDO, "Adjudicação e celebração do contrato no Código dos Contratos Públicos", in *Estudos de Contratação Pública – II*, cit., pp. 243 e ss, e JULIANA FERRAZ COUTINHO, "Adjudicar ou não adjudicar, eis a questão", in *Comentários...*, cit., pp. 577 e ss.

[249] Cf. *Temas...*, cit., p. 283.

resultando da referida alínea d) uma liberdade de reponderação da própria decisão de contratar.

Naturalmente que, em ambas as hipóteses, há de exigir-se uma fundamentação objetiva e convincente, não estando a decisão de não adjudicação, ao abrigo de qualquer destas alíneas, à margem do controlo do exercício de poderes discricionários que resulta dos princípios gerais da atividade administrativa e, nomeadamente, dos princípios da imparcialidade, transparência e proporcionalidade[250]. Além disso, sendo o fundamento da não adjudicação a necessidade de alteração de aspetos *fundamentais* das peças do procedimento, a própria lei impõe, no nº 3 do mesmo artigo 79º, que a entidade adjudicante dê início a um novo procedimento adjudicatório no prazo máximo de seis meses a contar da data da notificação da decisão de não adjudicação.

O que importa, em todo o caso, enfatizar é, efetivamente, a inexistência de um poder geral ou de uma reserva discricionária de não adjudicação[251]. Mesmo um Autor tão merecidamente reputado como PEDRO GONÇALVES, que anteriormente sustentara a existência de uma competência implícita da entidade adjudicante para não adjudicar, pelo menos nas mesmas circunstâncias em que, na condição de contraente público, lhe fosse permitido resolver o contrato por razões de interesse público, nos termos do artigo 334º do CCP, assinala hoje que "(...) não se afigura viável a configuração de um poder implícito de revogação dos procedimentos de adjudicação naqueles termos", não podendo aceitar-se "(...) um poder implícito por analogia, ou seja, fundado na analogia com um poder explícito"[252].

Este último Autor não deixa, todavia, de admitir a revogação da decisão de adjudicação quando as circunstâncias a que se refere a alínea d) do nº 1 do artigo 79º ocorram depois da adjudicação e antes da celebração do contrato, com base no artigo 167º, nº 2, alínea c), do CPA, embora reconhecendo que tal solução pode abrir caminho a um regime diferenciado

[250] No que concerne, nomeadamente, à hipótese prevista na alínea d) do nº 1 do artigo 79º, como sublinha PEDRO GONÇALVES, sempre será de exigir que estejam em causa "(...) circunstâncias que permitam formular, em termos retrospetivos, o juízo de que o órgão adjudicante não teria certamente decidido contratar se aquelas circunstâncias já existissem e fossem dele conhecidas no momento em que tomou a decisão de contratar" – cf. *Direito...*, cit., p. 863.

[251] Em sentido aparentemente contrário, cf., todavia, JULIANA FERRAZ COUTINHO, *loc. cit.*, pp. 579-580.

[252] *Ibidem*, pp. 872-873.

segundo a natureza da entidade adjudicante, não estando as entidades adjudicantes de natureza privada sujeitas ao CPA[253].

III. Em *contrapartida* deste poder de não adjudicação, em determinados casos, a lei prescreve, no nº 4 do mesmo artigo 79º, que "quando o órgão competente para a decisão de contratar decida não adjudicar com fundamento no disposto nas alíneas c) e d) do nº 1, a entidade adjudicante deve indemnizar os concorrentes, cujas propostas não tenham sido excluídas, pelos encargos em que comprovadamente incorreram com a elaboração das respetivas propostas".

Em face desta disposição legal, e ainda com PEDRO GONÇALVES, poderia entender-se que "a lei define aqui um critério de indemnização pelo mínimo, não tendo a pretensão de afastar o ressarcimento de outros danos, como a perda de chance ou a lesão do interesse contratual positivo"[254]. No entanto, e sem quebra do respeito devido, não nos parece que seja este o melhor entendimento.

Com efeito, julgamos ser de afastar inequivocamente uma indemnização pelo interesse contratual positivo na hipótese legal aqui considerada, tendo em conta que se está perante uma não adjudicação lícita que, alicerçada em habilitação legal específica, tem por efeito a *erradicação* do dever de celebração do contrato que constitui pressuposto da indemnização do interesse contratual positivo[255]. Desta perspetiva, a reconstituição da situação atual hipotética e a correspondente delimitação do dano indemnizável tem de ser feita com base na mera frustração – frustração *lícita*, repita-se – da confiança gerada nos concorrentes, ou seja, de acordo com o interesse contratual negativo.

Assim sendo, fica também afastada a indemnização pela perda de chance de celebração do contrato cujo procedimento adjudicatório tenha sido extinto, pelo menos para quem, como nós, entenda esse dano como um

[253] *Ibidem*, pp. 865-866. Mesmo quando se admita, nestes termos, a revogação da decisão de adjudicação, a indemnização a que o concorrente terá, então, direito não poderá encontrar-se confinada ao âmbito previsto no nº 4 do artigo 79º, estando em causa a ablação de um direito consolidado à celebração e à execução do contrato, como, de resto, reconhece PEDRO GONÇALVES (*ibidem*, p. 867).

[254] *Ibidem*, p. 863.

[255] Tanto assim que, nos termos do nº 1 do artigo 80º do CCP, a decisão de não adjudicação aqui em causa "determina a revogação da decisão de contratar".

dano do interesse contratual positivo e mero sucedâneo da indemnização dos lucros cessantes potencialmente advenientes da respetiva execução.

O que, em termos dogmaticamente adequados, poderia talvez questionar-se é se a norma do nº 4 do artigo 79º do CCP afasta a indemnização dos lucros cessantes ou da perda de chance correspondente à frustração de oportunidades de negócio alternativas. Agora desta ótica, tendemos ainda a responder negativamente: por um lado, só haveria lugar a indemnização quando se demonstrasse que a participação no procedimento interrompido fora causa da frustração desses ganhos ou da perda dessa chance, alegação que sempre será extraordinariamente difícil de substanciar e de provar; por outro lado, tratando-se de indemnização por facto lícito, não repugna, nem parece contrariar os dados jus-constitucionais pertinentes, que a indemnização seja aqui limitada aos danos contemplados na citada norma legal.

IV. Em face do artigo 79º, nº 4, do CCP, poderíamos ainda perguntar-nos se a entidade adjudicante pode eximir-se ao pagamento desta indemnização – já de si (justificadamente) limitada –, alegando e demonstrando que determinado ou determinados concorrentes não teriam qualquer hipótese minimamente realista de obter a adjudicação, em face do teor da sua proposta e do modelo de avaliação.

E, em princípio, estando em causa uma indemnização pela frustração ou pelo desaproveitamento económico das despesas dos concorrentes, compreender-se-ia mal que, com prejuízo para o erário público, a lei tivesse em vista impor o ressarcimento de despesas que não tivessem qualquer valor económico inerente, por não se acharem conexiadas com a constituição de uma situação de potencial vantagem patrimonial.

Recorde-se, aliás, a exigência de uma possibilidade real de obtenção da adjudicação, de que o artigo 7º, nº 2, da Diretiva 92/13/CEE faz depender, como vimos, a atribuição de uma indemnização, mesmo que fundada numa conduta ilícita da entidade adjudicante. Por maioria de razão, e ainda que a lei não o refira, parece-nos que não faria sentido – por ausência de nexo causal e por imperativo de coerência sistemática – indemnizar o concorrente cuja probabilidade de obter a adjudicação era nula ou praticamente irrelevante, cabendo à entidade adjudicante, nos termos gerais, o ónus de demonstrar esse facto, mesmo que a respetiva proposta não tenha sido excluída.

5.1.2. A indemnização devida em caso de não celebração do contrato: o artigo 105º do CCP

I. A questão da responsabilidade civil pela não celebração do contrato pode igualmente suscitar-se após a adjudicação, no plano da relação entre a entidade adjudicante e o próprio adjudicatário.

A respeito desta matéria, importa começar por recordar que, nos termos do nº 1 do artigo 104º do CCP, a outorga do contrato deve ter lugar, em princípio, no prazo de 30 dias contados da data da aceitação da respetiva minuta ou da decisão sobre a reclamação dessa minuta.

Por sua vez, dispõe o nº 3 artigo 105º do CCP que "se, por facto que lhe seja imputável, a entidade adjudicante não outorgar o contrato no prazo previsto no nº 1 do artigo anterior, o adjudicatário pode desvincular-se da proposta, devendo aquela liberar a caução que este haja prestado, sem prejuízo do direito a ser indemnizado por todas as despesas e demais encargos em que comprovadamente incorreu com a elaboração da proposta e com a prestação da caução". E, nos termos do nº 4, deste último preceito legal, "o adjudicatário pode, em alternativa, exigir judicialmente a celebração do contrato".

Também a interpretação do artigo 105º do CCP tem dado azo a alguma controvérsia e não falta mesmo quem entenda que, a par da suscetibilidade de "execução específica do contrato projetado" constante do respetivo nº 4, o nº 3 desse preceito legal "(...) circunscreve a indemnização ao critério do interesse contratual negativo, numa fase em que, para a conclusão do processo formativo, falta apenas a outorga do contrato com o adjudicatário"[256]. Não nos parece, todavia, que esta conclusão possa ser retirada da disciplina legal descrita, conforme se verá em seguida.

II. Deixando agora de lado a questão da operacionalidade, no plano processual, do direito a exigir judicialmente a celebração do contrato, nos termos do nº 3 do artigo 105º do CCP[257], julgamos que diversas razões apontam, decisivamente, no sentido de o concorrente destinatário de uma adjudicação válida ter a direito a ser indemnizado pelo interesse contra-

[256] Cf. Carlos Ferreira de Almeida, *Contratos I*, cit., p. 254 e nota 433.

[257] Sobre o tema, cf., por todos, Marco Caldeira, "Da exigibilidade judicial da celebração de contratos públicos", estudo inserido na coletânea de estudos do mesmo Autor designada *Estudos sobre o Contencioso Pré-Contratual*, Lisboa, 2017, pp. 317-395

tual positivo, em alternativa ou quando não se mostre juridicamente viável a obtenção judicial da celebração do contrato[258].

A primeira dessas razões é, logicamente, o reconhecimento de que a decisão de adjudicação consubstancia um *ato administrativo constitutivo de direitos* (no caso, o direito à celebração do contrato)[259], mediante o qual, verdadeiramente, se dá o encontro de vontades em que assenta qualquer contrato e que passa, a partir da adjudicação, a depender exclusivamente da sua ulterior formalização. Assim, parece possível afirmar, a partir de então, que o contrato se encontra já *formado*, ainda que não *formalizado*.

A segunda razão prende-se com a perplexidade que aparentemente pode despertar a limitação da indemnização ao interesse contratual negativo, nos termos do nº 3 do artigo 105º do CCP. Mas tal perplexidade é rapidamente desfeita se aproximarmos a situação em apreço da hipótese de resolução do contrato por incumprimento nos termos da lei civil, análogo à recusa ilícita de celebração do contrato por parte da entidade adjudicante.

Com efeito, o artigo 105º, nº 3, do CCP evidencia um claro paralelismo com os casos de resolução do contrato por incumprimento definitivo (cf. artigos 808º e 801º do CC), consagrando a ideia, tradicional entre nós, segundo a qual a indemnização deve ser limitada ao interesse contratual negativo, quando haja lugar à resolução do contrato[260]. Tal entendimento, embora já não consensual ou dominante, continua a encontrar eco entre a

[258] Também neste sentido, cf. MARIA ATAÍDE CORDEIRO, "A responsabilidade civil da entidade adjudicante no âmbito de um procedimento de formação de um contrato público", in *Comentários...*, cit., pp. 185-209.

[259] Cf. PEDRO GONÇALVES, *Direito...*, cit., p. 851.

[260] Neste sentido, cf., *inter alia*, ANTUNES VARELA, *Das Obrigações em Geral*, vol. II, 7ª ed. (reimp.), Coimbra, 2001, pp. 109-110, ALMEIDA COSTA, *Direito das Obrigações*, cit., pp. 1044-1045, e LUÍS MENEZES LEITÃO, *Direito das Obrigações*, vol. II, 12ª ed., Coimbra, 2018, pp. 265 e ss. Em sentido contrário, todavia, vide VAZ SERRA, "Impossibilidade superveniente e cumprimento imperfeito imputáveis ao devedor", in *BMJ* nº 47, pp. 30 e ss., BAPTISTA MACHADO, "A resolução por incumprimento e a indemnização", in *Obra Dispersa*, cit., pp. 195-213, PAULO MOTA PINTO, *Interesse Contratual ...*, vol. II, cit., pp. 1639 e ss, ANTÓNIO MENEZES CORDEIRO, *Tratado de Direito Civil – IX*, 3ª ed., Coimbra, 2017, pp. 944 e ss, e PEDRO ROMANO MARTINEZ, *Da Cessação do Contrato*, 3ª ed., Coimbra, 2017, pp. 195 e ss. Conforme resulta, nomeadamente, da explanação feita por PAULO MOTA PINTO, existem hoje argumentos acrescidos, quer no plano dogmático, quer no plano do direito comparado, especialmente após a reforma alemã do Direito das Obrigações de 2002 – que deu nova redação ao § 325 BGB – no sentido do repúdio da tese tradicional da limitação da indemnização ao interesse contratual negativo, em caso de resolução.

doutrina civilista, sustentando LUÍS MENEZES LEITÃO que "(...) a alternativa conferida nos contratos sinalagmáticos pelo art. 801º, nº 2, [do CC] consiste em, perante o incumprimento da outra parte, o contraente fiel poder optar entre obter uma indemnização pelo interesse contratual positivo ou resolver o contrato, a qual determinará a sua liquidação integral com efeitos retroativos, implicando a restituição das prestações já realizadas ou a liberação das que ainda não o foram, subsistindo a indemnização que, no entanto, será limitada ao interesse contratual negativo"[261].

Exprimindo esta dicotomia e o referido paralelismo com o regime da resolução por incumprimento constante da lei civil – tal como é tradicionalmente entendido –, o nº 4 do mesmo artigo 105º do CCP esclarece, de resto, que o adjudicatário pode – encontrando-se a entidade adjudicante *em mora* quanto à outorga do contrato –, em alternativa ao pedido de indemnização pelo interesse contratual negativo, exigir, judicialmente, a celebração do contrato, faculdade esta que traduz um *direito* ao contrato, pressuposto elementar de um correspondente direito à indemnização pelo interesse contratual positivo.

Desta perspetiva, compreende-se bem donde emerge a limitação ao interesse contratual negativo consagrada no nº 3 do artigo do artigo 105º: não é do caráter supostamente lícito da não celebração do contrato por parte da entidade adjudicante[262], mas da *desistência* pelo concorrente de exigir a sua celebração, em termos análogos ao credor que resolve o contrato por incumprimento da contraparte ao abrigo da lei civil[263].

[261] Cf. *Direito das Obrigações*, vol. II, cit., p. 270.

[262] A interpretação segundo a qual, subjacente ao artigo 105º, nº 3, do CCP, estaria uma recusa lícita de celebração do contrato mostrar-se-ia a vários níveis incongruente: em primeiro lugar, não se compreenderia a alternativa prevista no nº 4 do mesmo preceito legal; em segundo lugar, tratando-se de uma recusa lícita por razões imputáveis ao adjudicatário, não haveria lugar a qualquer indemnização; em terceiro e último lugar, tratando-se de uma recusa lícita que tivesse por fundamento ou efeito a revogação ou ablação do direito constituído pela adjudicação, quando tal seja considerado admissível, a limitação ao interesse contratual negativo não respeitaria o critério incontornável da reconstituição da situação atual hipotética – cf. nota 253 supra.

[263] No entanto, levando o *paralelismo* assinalado no texto (entre a hipótese contemplada nos nºs 3 e 4 do artigo 105º e a resolução por incumprimento) às últimas consequências, nem mesmo esse nº 3 deve ser entendido como tendo *cristalizado* uma orientação que se encontra em regressão, ou mesmo superada, no Direito civil, não havendo razão para excluir, em absoluto, que o concorrente possa reclamar uma indemnização pelo interesse contratual positivo, quando a entidade adjudicante, injustificadamente, não *outorgue* o contrato no prazo devido

Em terceiro e último lugar, quando o concorrente não *desista* da celebração do contrato e esta seja recusada pela entidade adjudicante por razões não imputáveis ao concorrente, este terá direito a obter judicialmente essa celebração ou a ser indemnizado pelo interesse contratual positivo, consequência lógica da aplicação do critério da reconstituição da situação atual hipotética e do imperativo de congruência entre a lesão e a indemnização, subjacentes a todo o sistema de responsabilidade civil.

5.2. Os casos de recusa de visto do Tribunal de Contas

5.2.1. A fiscalização prévia do Tribunal de Contas

I. Como é sabido, entre os instrumentos de controlo financeiro da atividade administrativa, encontra-se a fiscalização prévia do Tribunal de Contas, a qual tem por finalidade "verificar se os atos, contratos ou outros instrumentos geradores de despesa ou representativos de responsabilidades financeiras diretas ou indiretas estão conforme às leis em vigor e se os respetivos encargos têm cabimento em verba orçamental própria" – cf. artigo 44º, nº 1, da LOPTC.

Essa fiscalização é exercida através do mecanismo do visto prévio, cujos efeitos são regulados no artigo 45º da LOPTC. Este preceito legal estatui, no seu nº 1, que "os atos, contratos e demais instrumentos sujeitos à fiscalização prévia do Tribunal de Contas podem produzir todos os seus efeitos antes do visto ou da declaração de conformidade, exceto quanto aos pagamentos a que derem causa e sem prejuízo do disposto nos números seguintes"[264].

Já o nº 2 deste artigo determina que "nos casos previstos no número anterior, a recusa do visto implica apenas ineficácia jurídica dos respetivos atos, contratos e demais instrumentos após a data da notificação da respetiva decisão aos serviços ou organismos interessados".

Finalmente, o nº 3 do artigo 45º da LOPTC dispõe que "os trabalhos realizados ou os bens ou serviços adquiridos após a celebração do contrato

e o adjudicatário perca o interesse *objetivo* na celebração do contrato (cf. artigo 808º do CC e nota 260 antecedente).

[264] O visto do Tribunal de Contas constitui, assim, um "requisito de eficácia financeira" dos atos que estejam sujeitos, por força de lei, a tal processo de fiscalização – cf. JOSÉ TAVARES, *O Tribunal de Contas – Do visto, em especial*, Coimbra, 1998, p. 181, e "O Código dos Contratos Públicos e o Tribunal de Contas – Notas sobre a natureza, enquadramento e fiscalização dos contratos públicos", in *Comentários...*, cit., p. 144.

e até à data da notificação da recusa do visto poderão ser pagos após esta notificação, desde que o respetivo valor não ultrapasse a programação contratualmente estabelecida para o mesmo período".

II. Resulta do quadro normativo sumariamente descrito que os contratos públicos sujeitos a fiscalização prévia do Tribunal de Contas podem, em geral, ser executados pelo cocontratante, nos termos contratualmente previstos, até à notificação da decisão de recusa de visto[265].

No entanto, se o mencionado artigo 45º, nº 3, da LOPTC contempla o pagamento pelo contraente público da remuneração devida ao cocontratante pela execução *medio tempore* do contrato celebrado, já não esclarece se este último tem, ou não, direito a ser indemnizado pelas despesas incorridas com a participação no procedimento adjudicatório ou resultantes da cessação antecipada do contrato, por um lado, ou pelos lucros cessantes que adviriam da execução do contrato, por outro. E, numa leitura apressada ou assistemática, poderia mesmo pretender-se atribuir à mencionada disposição legal um alcance limitativo ou até excludente do direito do cocontratante a receber qualquer quantia a pagar pelo contraente público, para além da remuneração que seja devida de acordo com o programa contratual ajustado entre as partes.

Sem tomar posição sobre a controvérsia doutrinária em torno da natureza da decisão proferida, em sede de fiscalização prévia, pelo Tribunal de Contas[266], importa aqui apenas afastar o alcance limitativo da indemni-

[265] Assinale-se, todavia, que, desde 17.12.2011, os atos, contratos e demais instrumentos sujeitos a fiscalização prévia do Tribunal de Contas cujo valor exceda € 950.000,00, e que não se revistam de urgência imperiosa não imputável à entidade pública em causa, não produzem quaisquer efeitos antes do visto ou declaração de conformidade (cf. nºs 4 e 5 do artigo 45º da LOPTC, aditados pela Lei nº 61/2011, de 7 de dezembro).

[266] No sentido do caráter materialmente administrativo do visto, cf. MARCELLO CAETANO, *Manual de Direito Administrativo*, cit., pp. 288-289, TEIXEIRA RIBEIRO, *Lições de Finanças Públicas*, 3ª ed., Coimbra, 1989, p. 120, BRÁS TEIXEIRA, *Introdução ao Direito Financeiro*, Lisboa, 1980, pp. 84 ss, JOÃO CAUPERS, "A Administração entalada: não feche o Tribunal de Contas as portas que o legislador abriu!", in *CJA*, nº 33 (2002), p. 8, e TIAGO DUARTE, "Tribunal de Contas, visto prévio e tutela jurisdicional efectiva? Yes, we can!", in *CJA*, nº 71 (2008), pp. 33 e ss. No sentido da sua qualificação como ato jurisdicional, *vide* ALVES CORREIA, "Do Ombudsman ao Provedor de Justiça", separata dos *Estudos em Homenagem ao Professor Doutor José Joaquim Teixeira Ribeiro*, Coimbra, 1989, SOUSA FRANCO, *Finanças Públicas e Direito Financeiro*, vol. I, 4ª ed., Coimbra, 1993, p. 461, JOSÉ TAVARES, *O Tribunal de Contas...*, cit., pp. 168-176, e "O Código dos Contratos Públicos e o Tribunal de Contas – Notas sobre a natureza, enquadra-

zação devida ao cocontratante potencialmente atribuível ao mencionado artigo 45º, nº 3, da LOPTC, e delimitar o âmbito da indemnização devida neste grupo de casos.

Com efeito, se já se afigura questionável a compatibilidade, com a Constituição, da vinculação do cocontratante pela própria decisão de recusa de visto, proferida no termo de um processo em que aquele não é chamado a participar[267], mais evidente seria o desacerto da orientação que visasse impedir o cocontratante de exercer uma pretensão meramente indemnizatória contra o contraente público, na sequência da recusa de visto e tendo em conta a atuação daquele, enquanto entidade adjudicante, no procedimento pré-contratual.

III. Para melhor compreensão dos contornos deste grupo de casos, começaremos por passar em revista um conjunto de decisões judiciais, seguindo-se, depois, uma breve apreciação crítica.

5.2.2. A concretização jurisprudencial da responsabilidade civil neste grupo de casos

I. Ainda antes da jurisprudência do STA, coube ao Conselho Consultivo da Procuradoria-Geral da República, logo em 1979, afirmar a sujeição da Administração, ainda que com alguns matizes, às regras gerais da *culpa in contrahendo*, através do Parecer nº 138/79, de 20 de dezembro[268].

Nesse Parecer, estava em causa, precisamente, um caso de recusa de visto prévio do Tribunal de Contas, em face de um contrato de prestação de serviços celebrado entre o Estado e um particular. O Conselho Consultivo teve, então, oportunidade de afirmar, em termos precursores, que "(...) os atos causadores de ineficácia podem dar lugar a responsabilidade pré-contratual", "os outorgantes não se podem remeter para uma atitude

mento e fiscalização dos contratos públicos", in *Comentários...*, cit., p. 144. Aparentemente neste último sentido, cf. ainda PAZ FERREIRA, "O visto prévio do Tribunal de Contas", in *Estudos em Homenagem ao Professor Doutor Inocêncio Galvão Telles*, vol. I, Coimbra, 2002, pp. 846-849.

[267] Cf. TIAGO DUARTE, *loc. cit.*, pp. 33 ss, e RUI MEDEIROS, "A proteção processual do adjudicatário em face de uma recusa de visto no âmbito da fiscalização prévia de contratos pelo Tribunal de Contas", in *RCP*, nº 1 (2011), pp. 31 e ss.

[268] In *BMJ*, nº 298 (1980), pp. 5-25. Deve assinalar-se o caráter verdadeiramente pioneiro deste Parecer, que surge muito antes da consagração, na Constituição e na lei, da sujeição da Administração ao princípio da boa-fé.

passiva, antes estão obrigados a exercitar a tensão querida pelo direito no sentido de procederem com lealdade" e que "(...) a Administração deve considerar-se, entre nós, em princípio, sujeita à obrigação de indemnizar com fundamento em responsabilidade pré-contratual"[269].

De referir ainda que, nesse Parecer, sustentou-se que o âmbito da indemnização pela *culpa in contrahendo* pode, excecionalmente, abranger o interesse no cumprimento[270], designadamente em casos de ineficácia do contrato celebrado – na situação concreta, em resultado da falta de visto do Tribunal de Contas –, orientação que viria, porém, a ser tendencialmente contrariada pela jurisprudência do STA, limitando o âmbito da indemnização ao interesse contratual negativo, como acima se referiu.

II. Assim, num caso decidido pelo STA através de aresto tirado em 23.09.2003, relativo ao proc. nº 01527/02, o concorrente adjudicatário demandara a entidade adjudicante em virtude da não entrada em vigor, e consequente não execução, de um contrato de empreitada de obra pública já celebrado, devido, igualmente, à recusa do visto do Tribunal de Contas.

Qualificando a situação em causa como não verificação de condição suspensiva imputável ao dono da obra, o autor havia peticionado uma indemnização abrangendo quer os danos "correspondentes aos gastos com a preparação do contrato de empreitada (danos negativos)", quer os "resultantes do incumprimento (danos positivos)". O tribunal *a quo* havia, por sua vez, julgado a ação procedente apenas quanto aos danos positivos, isto é, os lucros cessantes do contrato que ficou por executar, invocando que essa era a solução mais favorável ao autor.

No seu recurso para o STA, porém, o réu veio invocar diversas objeções à procedência do pedido, atinentes (i) à natureza contratual ou pré-contratual da responsabilidade em causa, (ii) à imputabilidade dos danos ao réu e (iii) ao âmbito do dano indemnizável.

Apreciando, o STA caracterizou esta responsabilidade como pré-contratual, referindo que aí se integram não só os casos de rutura das negociações, mas também os casos de nulidade ou de ineficácia do contrato celebrado.

Tendo presente essa qualificação – e apesar de ter considerado que o facto era imputável ao réu, na medida em que lhe competia observar as

[269] *Loc. cit.*, pp. 20-21.

[270] *Loc. cit.*, pp. 22-23.

regras do concurso e que, não o fazendo, deu causa à recusa do visto[271] – o STA recusou a indemnização dos lucros cessantes, entendendo que o dano indemnizável se restringe, na responsabilidade pré-contratual, ao interesse contratual negativo[272].

Aprofundando a questão, o STA acabou por reconhecer que, em determinados casos, quando a nulidade ou a ineficácia do contrato possam ser supridas por uma das partes e esta injustificadamente não o faça, a indemnização devida pode ter como medida o interesse contratual positivo. No caso de espécie, todavia, e uma vez que o fundamento de recusa do visto era insuprível, o STA considerou, em definitivo, justificada a limitação da indemnização ao interesse contratual negativo, concedendo, nesta parte, provimento ao recurso do réu.

III. Noutro aresto, tirado em 17.03.2004, no proc. nº 0962/03, o STA apreciou novamente um caso de responsabilidade civil fundado na recusa do visto do Tribunal de Contas relativamente a um contrato de empreitada de obra pública já celebrado.

Neste caso, o ilícito havia-se traduzido na publicação ilegal de novo aviso (anúncio do concurso), prorrogando o prazo para apresentação das propostas sem respeitar o prazo mínimo estabelecido na lei, por um lado, e no facto de a entidade adjudicante ter ocultado ao adjudicatário e cocontratante a recusa do visto, por outro.

No que toca à natureza da responsabilidade, o STA toma uma posição híbrida, entendendo que, relativamente à publicação ilegal de novo aviso, "(...) os factos alegados parecem realmente configurar uma hipótese de responsabilidade civil extracontratual (...)", mas que já quanto à ocultação ao cocontratante da recusa do visto "(...) a ação possui uma conotação forte com a chamada responsabilidade pré-contratual, que radica no preceito do artigo 227º do Código Civil". Há aqui a assinalar, portanto, uma divergência em face do aresto anterior, que explicitamente havia qualificado uma

[271] No caso, a recusa do visto prévio por parte do Tribunal de Contas resultou de uma "irregularidade do programa do concurso derivada de erro na contagem do prazo para apresentação das propostas", que o STA entendeu consubstanciar uma violação dos deveres pré-contratuais decorrentes do artigo 227º do CC.

[272] O acórdão admite a indemnização da "perda de uma ocasião de negócio", mas entendendo que a mesma "ainda cabe na categoria dos danos negativos (são os lucros cessantes dentro dos danos negativos)".

hipótese semelhante – no que toca à primeira vertente do ilícito considerado – como responsabilidade pré-contratual, parecendo que, neste caso, o STA tende a considerar tal responsabilidade como extracontratual[273].

No que se refere, porém, ao âmbito do dano indemnizável na responsabilidade pré-contratual, o STA afirma que o interesse tutelado é aí o de quem razoavelmente confia no cumprimento dos deveres de boa fé pela contraparte, ou seja, "(...) o interesse contratual negativo, que é o da confiança (...)", alinhando pela posição assumida no acórdão anterior.

IV. No aresto do STA datado de 31.10.2006, relativo ao proc. nº 0875/05, estava em causa a indemnização devida ao adjudicatário e cocontratante cujo contrato de empreitada não chegara a entrar em vigor, em resultado da recusa do visto, com fundamento na inobservância pela entidade adjudicante de uma formalidade pré-contratual.

Invocando os dois acórdãos analisados acima, o STA decidiu que se estava perante "(...) uma configuração mista de responsabilidade extracontratual por facto ilícito e responsabilidade pré-contratual, derivada da violação da confiança e dos deveres de correção e colaboração, nos termos do artigo 227º, nº 1, do Código Civil".

Confirmando a sentença recorrida, o STA recusou, também aqui, a indemnização de lucros cessantes ou, *rectius*, pelo interesse contratual positivo, com o que parece aderir ao entendimento expresso naquela sentença (e nos dois acórdãos acima descritos), no sentido da limitação do dano indemnizável no âmbito da responsabilidade pré-contratual.

V. A corrente jurisprudencial que vimos acompanhando – no sentido do reconhecimento de um direito a indemnização, em caso de recusa de visto prévio do Tribunal de Contas, embora limitada ao interesse contratual negativo – viria ainda a consolidar-se através de dois arestos mais recentes.

Assim, no acórdão de 12.02.2009, relativo ao proc. nº 1068/08, o STA confirmou a sentença recorrida, transcrita no mencionado acórdão, onde se havia condenado o Estado a indemnizar o cocontratante num caso de recusa de visto. Na situação concreta, o Tribunal de Contas entendera ter havido uma alteração do prazo de apresentação das propostas, em viola-

[273] Neste sentido decidiu o STA, também noutro aresto da mesma data, tirado no proc. nº 46978, em face de um caso em tudo similar.

ção do princípio da igualdade, pelo que as autoras moveram uma ação de responsabilidade civil contra o Estado invocando a ilicitude da respetiva conduta, quer na fase pré-contratual, através da prática de atos ilegais determinantes da recusa de visto, quer após a celebração do contrato, através da ocultação ou demora na comunicação ao empreiteiro dessa decisão do Tribunal de Contas.

Apreciando a pretensão indemnizatória, o tribunal *a quo* reiterou a orientação segundo a qual as autoras não podiam "(...) aspirar a receber o montante relativo aos lucros que previsivelmente colheriam da execução da empreitada, ou seja, uma indemnização fundada em lucros cessantes positivos, mas apenas as despesas e perdas provocadas pela frustração do negócio, a título de culpa na formação dos contratos por parte do Réu". Em consequência, o tribunal reconheceu o direito das autoras a serem indemnizadas pelos custos com a apresentação das respetivas propostas, bem como pelos custos incorridos após a celebração do contrato, tendo em vista a respetiva execução, incluindo os custos com equipamento e mão-de-obra.

VI. Finalmente, no acórdão do STA de 18.10.2011, as autoras propuseram uma ação de responsabilidade civil contra o contraente público, na sequência da recusa de visto sob a invocação da violação de princípios fundamentais da contratação pública e de normas financeiras. O contrato em causa tinha sido celebrado em 19.11.1998, a consignação ocorreu em 16.12.1998 e as obras prosseguiram até à notificação às autoras da recusa do visto.

Na ação, as autoras configuraram a comunicação do réu, no sentido da impossibilidade de execução da empreitada, como uma rescisão por conveniência do dono da obra, reclamando uma indemnização pelos lucros cessantes que poderiam ter auferido através da integral execução do contrato. Esta pretensão foi recusada na sentença recorrida, que o STA nessa parte confirmou, com base no disposto no artigo 45º, nº 6, da LOPTC – na redação originária da Lei nº 98/97 –, porquanto, como se lê na transcrição da sentença feita neste aresto do STA, as autoras "(...) não podiam ignorar que, caso viesse a ser recusado o visto pelo TC, apenas poderiam ser pagos os trabalhos realizados até à data da notificação da recusa do visto nos termos do supra transcrito artigo 45º da Lei nº 98/97 (...)".

No entanto, em termos inequívocos, o STA logo acrescentou: "Tal conclusão não inviabiliza, contudo, em absoluto, que as Autoras possam ser indemnizadas. Com efeito, conforme pacífica jurisprudência deste Supremo Tribunal, os empreiteiros têm, nestas situações, direito a serem indemnizadas pelos danos efetivamente sofridos, danos esses decorrentes **não do incumprimento do contrato**, que, *in casu*, não houve na realidade, **mas sim da ineficácia deste**, incorrendo os adjudicantes em responsabilidade civil decorrente da ação ou omissão determinante dessa ineficácia" (negritos originais). Em linha com a jurisprudência anterior, o STA também afirmou, neste aresto, estar em causa "(...) uma configuração mista de responsabilidade extracontratual por facto ilícito e responsabilidade pré-contratual, derivada da violação da confiança e dos deveres de correção e colaboração, nos termos do artigo 227º, nº 1, do C. Civil, sendo de todo irrelevante, para os efeitos de que estamos a tratar, o facto de a fase procedimental do concurso já se encontrar extinta com a adjudicação e subsequente celebração do contrato (...)".

Quanto ao âmbito da indemnização em causa, o STA alinhou, igualmente, com a jurisprudência anterior, reiterando que "(...) na responsabilidade pré-contratual, o lesado tem direito a ser indemnizado apenas pelos danos negativos (dano da confiança), isto é, pelos danos que não teria se não tivesse celebrado o contrato, não se incluindo na medida do dano ressarcível o lucro esperado com o cumprimento do contrato".

5.2.3. Âmbito da indemnização: a limitação ao interesse contratual negativo

I. Da resenha de jurisprudência acabada de fazer, supomos ser possível extrair, no essencial, as seguintes ilações:

a) Em primeiro lugar, constata-se que o STA, na esteira do Parecer nº 138/79, do Conselho Consultivo da Procuradoria-Geral da República, vem afirmando, de forma constante e reiterada, a sujeição das entidades adjudicantes ao instituto geral da *culpa in contrahendo*, nos casos de recusa de visto do Tribunal de Contas. Em tais casos, o evento lesivo não é a própria decisão do Tribunal de Contas, nem um suposto incumprimento do contrato pelo contraente público, mas os atos ou omissões praticados pela entidade adjudicante, no âmbito do procedimento pré-contratual, que conduziram à recusa do visto.

b) Em segundo lugar, e na medida em que pode estar diretamente em causa a violação de normas legais, ou de princípios gerais da contração pública, a par da violação dos deveres pré-contratuais que decorrem da cláusula geral de boa-fé, o STA tem entendido que nos deparamos com uma responsabilidade mista, alicerçada não apenas no instituto da *culpa in contrahendo*, mas também no regime geral da responsabilidade civil extracontratual por atos de gestão pública.

c) Em terceiro lugar, e não obstante esta natureza mista da responsabilidade civil em causa, o STA tem sustentado, em termos aparentemente categoriais ou apriorísticos, que o âmbito da indemnização se acha limitado ao interesse contratual negativo, limitação esta que, tradicionalmente, era associada à *culpa in contrahendo* e pode considerar-se, em princípio, estranha ao domínio da responsabilidade civil delitual.

d) Em quarto lugar, em linha com a tendência crescente para a objetivização da responsabilidade civil das entidades públicas, o STA nunca exigiu a demonstração autónoma da culpa das entidades adjudicantes, que tende a ser presumida ou considerada desnecessária. Estamos como que perante uma culpa ínsita na própria constatação da ilegalidade e/ou violação de deveres pré-contratuais perpetrada pela entidade adjudicante.

e) Em quinto lugar, o STA tem considerado abrangidos, pelo dever de indemnização, quer os custos com a participação no procedimento pré-contratual – nomeadamente, os relacionados com a elaboração da proposta –, quer os custos incorridos após a celebração do contrato, tendo em vista a execução deste (tanto uns, como outros, integram, sem margem para dúvidas, o âmbito indemnizatório balizado pelo critério do interesse contratual negativo).

f) Em sexto e último lugar, mas não menos importante, importa reter que o STA também já teve oportunidade, no último acórdão citado, de repudiar a ideia segundo a qual deveria extrair-se, do artigo 45º, nº 3, da LOPTC, uma exclusão da indemnização a que o concorrente lesado pudesse ter direito em caso de recusa de visto. Pelo menos quando essa indemnização se considere confinada ao interesse contratual negativo, como tem sido entendido pelo STA, à mencionada disposição legal não poderá atribuir-se qualquer efeito limitativo ou excludente da responsabilidade civil da entidade adjudicante.

II. Em jeito de apreciação crítica, apraz-nos registar que a própria jurisprudência do STA oferece um importante contributo para o enquadramento jurídico deste grupo de casos, que globalmente nos parece insuscetível de censura. Vamos, pois, limitar-nos a acrescentar aqui duas notas, uma sobre o alcance do artigo 45º, nº 3, da LOPTC e outra sobre a limitação da indemnização ao interesse contratual negativo.

Assim, e no que concerne ao artigo 45º, nº 3, da LOPTC, deve enfatizar-se que essa disposição não tem senão em vista assegurar a remuneração do cocontratante pela execução do contrato, nos termos originariamente programados, até à decisão de recusa do visto, solução esta que é coerente com a eficácia precária ou *medio tempore* do contrato sujeito a fiscalização prévia.

Como tal, o pagamento devido ao cocontratante, ao abrigo dessa norma legal, não tem a natureza de indemnização, mas de contraprestação[274], e emerge diretamente do contrato, ainda que seja expressamente reconhecido nessa norma. Dito de outro modo, o artigo 45º, nº 3, da LOPTC não é uma norma especial de responsabilidade civil, mas antes uma norma reguladora da eficácia do contrato, permitindo que os efeitos financeiros de que ele estava originariamente privado se produzam retroativamente, após a recusa do visto.

Já no que toca ao âmbito da indemnização, deve novamente recordar-se que, no domínio da contratação pública, é hoje inquestionável a existência, em geral, de um dever de celebrar o contrato, ou seja, um dever de prosseguir o procedimento pré-contratual e de escolher a melhor proposta com vista à celebração do contrato, conquanto que essa proposta não se situe aquém dos patamares de exigência previamente fixados pela própria entidade adjudicante. Daqui decorre, como já tivemos oportunidade de expor, que o âmbito da indemnização a cargo da entidade adjudicante tenderá a orientar-se, num primeiro momento lógico, no sentido da indemnização pelo interesse contratual positivo.

III. Em consequência, tendo um determinado contrato público acabado por revelar-se ineficaz, ou de execução juridicamente impossível, em

[274] Sobre esta distinção dogmática, cf. GOMES DA SILVA, *O Dever de Prestar...*, cit., pp. 213 ss e *passim*, PESSOA JORGE, *Ensaio...*, pp. 44-47, e, mais recentemente, MARIA DE LURDES PEREIRA/PEDRO MÚRIAS, "Obrigação primária e obrigação de indemnizar", in *Estudos em Homenagem ao Professor Doutor Carlos Ferreira de Almeida*, vol. II, Coimbra, 2011, pp. 605 e ss.

virtude da superveniente recusa de visto do Tribunal de Contas, e desde que a causa ou o fundamento dessa decisão devesse ter sido evitado pela entidade adjudicante – observando os deveres legais e de boa-fé que sobre si impendiam –, poderia, igualmente, admitir-se, pelo menos em tese, a delimitação do âmbito da indemnização segundo o interesse contratual positivo, aplicando o critério do artigo 562º do CC[275].

Todavia, se não podemos subscrever inteiramente, do ponto de vista dogmático, a limitação apriorística dos danos indemnizáveis ao interesse contratual negativo, mesmo neste grupo de casos, nem por isso deixamos de compreender a orientação do STA. É que a indemnização pelo interesse contratual positivo depende, logicamente, da alegação e prova, pelo concorrente lesado, de que, não fora o ilícito cometido, o mesmo seria ainda adjudicatário e cocontratante, podendo executar integralmente o contrato (cf. artigo 562º do CC)[276]. Ora, nos vários casos submetidos à apreciação do STA, não parece que este pressuposto tenha sido alegado e provado e, nalguns desses casos, tal seria mesmo manifestamente impossível[277].

[275] Como assinala Ana Prata, "(...) nas hipóteses de invalidade ou ineficácia negocial, por seu turno, se há situações em que, dada a intransponibilidade do obstáculo à validade ou eficácia, pode dizer-se que o dano que o lesado sofreu é o de ter concluído aquele negócio inválido ou ineficaz, não pode, muitas vezes, entender-se que o prejuízo adveio da conclusão do negócio, antes tem de reconhecer-se que ele resultou da sua culposa invalidade (ou ineficácia), devendo, pois, o lesado ser colocado na situação que seria a sua se o vício não existisse, isto é, se o negócio fosse válido (ou eficaz)" – cf. *Notas sobre Responsabilidade Pré-Contratual*, Coimbra, 2002 (reimp.), pp. 179-180. Em sentido aparentemente mais restritivo, cf., todavia, Paulo Mota Pinto, *Interesse Contratual*, cit., pp. 1227 e ss. E também Carlos Ferreira de Almeida afirma que, quando esteja em causa um contrato inválido – situação análoga à do contrato ineficaz –, "(...) o evento que obriga à indemnização consiste na condução de negociações em desconformidade com as regras da boa fé", de tal forma que o dano "(...) deve ser aferido em função do interesse contratual negativo, também chamado interesse da confiança (...)" – cf. *Contratos I*, cit., p. 253. Mas parece-nos, salvo o devido respeito, que este último modo de ver só se justifica perante a ausência de um dever de celebração do contrato ou quando, mesmo perante esse dever, o vício determinante da invalidade ou ineficácia não devesse ter sido evitado pelo lesante.

[276] Exigência esta que vale, nos termos acima expostos e ainda que de forma mitigada, para a indemnização da perda de chance enquanto sucedâneo dos lucros cessantes do interesse contratual positivo.

[277] Nomeadamente, nas situações em que o ilícito se consubstancie, ou resulte, numa restrição da concorrência e se revele, portanto, inviável afirmar qual teria sido o desfecho do procedimento adjudicatório, caso a entidade adjudicante tivesse atuado de harmonia com o Direito.

§6º
Conclusões

(I)

a) No que respeita ao âmbito da indemnização a que tem direito o concorrente ilicitamente preterido no contexto de um procedimento adjudicatório público, a jurisprudência dos nossos tribunais administrativos tem, maioritariamente, seguido uma orientação marcada por dois dados relevantes: em primeiro lugar, tem aproximado essas situações ao regime da *culpa in contrahendo*; em segundo lugar, em linha com a orientação mais tradicional a respeito desse mesmo instituto, tem sustentando uma limitação apriorística do dano indemnizável ao interesse contratual negativo.

b) Apesar de ser suscetível de uma apreciação crítica, em particular quanto ao âmbito da indemnização, tal orientação jurisprudencial tem-se mantido, pelo menos tendencialmente, até à atualidade, justificando-se uma reapreciação do tema.

(II)

c) O Regime da Responsabilidade Civil Extracontratual do Estado, aprovado pela Lei nº 67/2007, de 31 de dezembro, veio pela primeira vez introduzir, no nosso ordenamento jurídico, uma norma especial sobre esta matéria, que encontra sede no respetivo artigo 7º, nº 2, já alterado, entretanto, pela Lei nº 31/2008, de 17 de julho.

d) Todavia, este último preceito legal não tem conteúdo próprio, sendo meramente remissivo e de alcance incerto.

e) Inserindo-se o ilícito praticado pelas entidades adjudicantes no contexto de um procedimento funcionalmente orientado para a adjudicação e a celebração de um contrato, a responsabilidade civil daí emergente deve ser qualificada ou aproximada do instituto da *culpa in contrahendo*, tal como tem sido reconhecido pela jurisprudência.

f) Alguma doutrina recente tem criticado o recurso ao instituto da *culpa in contrahendo* e ao artigo 227º do CC para enquadrar a responsabilidade civil das entidades adjudicantes, aparentemente em face de uma certa incompatibilidade com as exigências próprias do Direito Administrativo e a indução de um efeito restritivo da tutela indemnizatória dos administrados.

g) Supomos, porém, que essa crítica só pode ser entendida à luz da aceção em que a própria jurisprudência tradicional dos tribunais administrativos tem tomado aquele instituto e a disciplina jurídica acolhida no artigo 227º do CC, não procedendo em face de uma adequada compreensão desta matéria, à luz da melhor doutrina civilista.

h) Na verdade, o artigo 227º do CC não impõe qualquer limitação legal do âmbito do dano indemnizável ao interesse contratual negativo e, da perspetiva da desejável coerência e unidade do sistema jurídico, não vemos nenhuma vantagem em descartar as virtualidades oferecidas pela dogmática civilística solidamente construída em torno do instituto da *culpa in contrahendo*, desde que observadas as exigências do Direito europeu em matéria de contratação pública.

(III)

i) Ainda que dependente da individualização do concorrente adjudicatário, nem por isso deixa de existir um verdadeiro dever de celebrar o contrato, por parte da Administração, e um correlativo direito à celebração, por parte dos concorrentes.

j) A existência de um dever de celebração do contrato ou de um dever de adjudicação acha-se, aliás, explicitada ou positivada, desde 2008, no artigo 76º do CCP, erigindo o ato de adjudicação em ato legalmente devido e outorgando ao particular interessado a correspondente tutela em sede de contencioso administrativo.

k) Consequentemente, a boa orientação vai no sentido de afirmar o direito do concorrente preterido a uma indemnização pelo interesse contratual positivo, desde que, naturalmente, se achem satisfeitos os respetivos pressupostos e, em especial, o nexo de causalidade entre o ilícito e o dano.

l) No entanto, se a conformação destes dois pressupostos da responsabilidade civil já suscita, em geral, dificuldades consideráveis, tais dificuldades exacerbam-se ainda no domínio da contratação pública e da responsabilidade civil das entidades adjudicantes, a respeito da qual se tem ainda assistido à receção e expansão da teoria da indemnização por perda de chance.

(IV)

m) A perda de chance é apresentada, segundo a tendência dominante na jurisprudência dos tribunais supremos francês e italiano, em boa medida secundada pela doutrina desses dois países, como um dano patrimonial emergente, atual e autónomo.

n) Contudo, esse entendimento não se apresenta, mesmo nos ordenamentos jurídicos francês e italiano, inteiramente convincente, sendo dificilmente explicável, em especial, como se concilia, em termos normativamente sustentados, o pressuposto da autonomia da perda de chance com a circunstância de o seu reconhecimento ou indemnizabilidade depender do grau de probabilidade de materialização da vantagem ou utilidade a que chance se refere (o mesmo seria dizer, a probabilidade de materialização do próprio dano final que se alega não ser indemnizado).

o) Quando encarada de uma perspetiva meramente patrimonial, a conformação da perda de chance como dano emergente e autónomo apresenta-se, em larga medida, falaciosa, muito embora a qualificação alternativa como critério de avaliação da causalidade jurídica colida com os parâmetros normalmente adotados e, em especial, com o crivo praticamente hegemónico da *conditio sine qua non*.

p) Na doutrina alemã, JANSEN e MÄSCH fundamentam o reconhecimento da perda de chance como dano autónomo, respetivamente, num dever legal ou contratual de preservação ou garantia da chance, cuja violação gera o dever de indemnizar por um dano autónomo, distinto do dano final.

q) As teses de JANSEN e MÄSCH têm o efeito de deslocar inteiramente o problema para o plano da ilicitude, na qual a própria exigência do dano acaba por diluir-se: dir-se-ia que a verificação do ilícito contém já em si o dano a indemnizar.

r) Julgamos, por isso, que este modo de ver apenas poderá encontrar aplicação nos domínios da responsabilidade civil por danos não patrimoniais e, em especial, no domínio da responsabilidade civil por ato médico.

s) Já segundo KOZIOL, a ideia de autonomia patrimonial da chance é contrariada, em princípio, pela consagração, no direito alemão, de um conceito subjetivo de dano – a apurar com recurso ao método da diferença –, a que se soma a impossibilidade, em muitos casos, de atribuir àquela um "valor próprio, autónomo e avaliável".

t) Assim, nesses casos, estaria em causa, afinal, um problema de incerteza quanto ao desenlace da sequência causal hipotética (que teria acontecido, se a chance não tivesse sido destruída).

u) KOZIOL propõe o recurso às regras da autoria alternativa ("alternative Täterschaft") ou à ideia de coresponsabilidade ("Mitverantwortung") que lhe subjaz para assegurar ao lesado uma indemnização parcial, nos casos em que se verifique uma concorrência de causas a respeito do dano final (e único) a indemnizar: este seria suportado, pelo lesante, na medida em que tenha sido provocado pela sua conduta ilícita e, pelo próprio lesado, na parte remanescente, na medida em que decorra de uma causa concorrente inserida na respetiva esfera de risco.

v) Esta construção parece, todavia, encontrar-se estreitamente ligada ou dependente da existência de uma norma similar, no sistema concretamente considerado, à constante do § 830º, I, do BGB, que permite expressamente responsabilizar o coautor ou participante ainda que não tenha sido possível comprovar o nexo causal entre a respetiva conduta e o dano ocorrido, estabelecendo-se, efetivamente, uma relação de causalidade meramente potencial ou alternativa: a teoria ensaiada por KOZIOL não se reveste, portanto, de validade e alcance gerais.

w) Entendemos que não existem razões, em face do nosso ordenamento jurídico, para sustentar uma posição favorável quanto à admissibilidade da configuração da perda de chance como dano patrimonial, emergente e autónomo.

x) Da nossa perspetiva, a indemnização pela perda de chance só pode ser construída, em termos dogmaticamente satisfatórios e quando esteja em causa um dano patrimonial, através da admissibilidade de uma modelação do critério de causalidade com base na ideia de criação ou elevação ilícita de um risco de materialização do dano final (o único, quanto a nós, a indemnizar, ainda que apenas parcialmente).

y) Não significa isto, porém, que propugnemos uma ressarcibilidade generalizada da perda de chance ou a simples substituição da teoria da causalidade adequada por uma outra noção geral de causalidade, o que redundaria, obviamente, na mera substituição de um modelo monolítico de responsabilidade civil por outro modelo também monolítico, com consequências potencialmente desastrosas quanto à segurança jurídica e à própria distribuição dos riscos inerentes à vida em sociedade.

z) O que nos parece é que, a essa visão do sistema, tem de opor-se a ideia de mobilidade dos pressupostos, ou da respetiva geometria variável, a ajustar segundo grupos de casos, à luz das suas especificidades típicas, do respetivo enquadramento normativo e dos valores jurídicos coenvolvidos.

aa) Com efeito, as necessidades a que a perda de chance pretende prover são reais e justificadas, também no domínio da contratação pública, ainda que o enquadramento tradicional da figura, como dano patrimonial emergente e autónomo, se revele artificioso.

bb) É intuitivo, aliás, que a opção pela simples negação da existência de um dano indemnizável constituiria uma fonte de injustiça e deixaria insatisfeita qualquer das finalidades reconhecidamente desempenhadas pela responsabilidade civil.

cc) No plano da função ressarcitória, a recusa de indemnização afigurar-se-ia insatisfatória, porque a lesão sofrida pelo concorrente preterido teria por efeito transformar a possibilidade, ainda que incerta, de obtenção da adjudicação e de celebração do contrato, na certeza da sua impossibilidade.

dd) No plano, ainda que subsidiário ou acessório, das funções punitiva e preventiva da responsabilidade civil, a recusa da indemnização da perda de chance e a subsequente limitação daquela ao interesse contratual negativo – em especial, às despesas com a preparação das candidaturas ou propostas – também não contribuiria em nada para incentivar as entidades adjudicantes ao cumprimento escrupuloso da legalidade, aí incluindo os princípios basilares da igualdade e da imparcialidade: dir-se-ia que o crime (ou, pelo menos, o desrespeito dos interesses legítimos dos concorrentes) compensa.

ee) Em suma, o que sucede, quanto a nós, é que a atuação ilícita das entidades adjudicantes agrava, em determinadas condições, a aleatoriedade ou o grau de risco de não adjudicação – que sempre resultaria, nalguma medida, da natureza da estrutura do procedimento e dos poderes administrativos coenvolvidos –, ao ponto de convolar a incerteza quanto à obtenção dessa vantagem na certeza da sua não obtenção.

ff) A qualificação da intervenção ilícita da entidade adjudicante como tendo aumentado de forma juridicamente intolerável o risco de não adjudicação gera *ipso facto* o dever de indemnizar o dano correspondente.

(V)

gg) A viabilidade de recurso à teoria da perda de chance não pode ter por efeito prejudicar os direitos dos concorrentes que, segundo os padrões de causalidade normalmente exigidos, deveriam ser indemnizados pela totalidade dos lucros cessantes.

hh) Convirá, pois, ter presente que não é impensável a existência de situações em que o particular deva ser indemnizado pela totalidade desse dano: isto ocorrerá em casos extremos, onde não reste dúvida de que, não fora a preterição do concorrente ilicitamente levada a cabo pela Administração, a proposta ser-lhe-ia adjudicada e ele seria admitido a executar o contrato objeto do procedimento, auferindo as vantagens patrimoniais inerentes.

ii) Entre esses casos extremos estarão não apenas as situações em que se tenha perfilado unicamente um concorrente – ou em que haja uma pluralidade de concorrentes, mas os demais tenham sido ilegalmente admitidos a apresentar proposta – e as situações de revogação ilegal da adjudicação que anteriormente tenha sido feita ao concorrente lesado, mas também situações em que, atendendo aos termos do modelo de avaliação adotado e ao concreto vício ocorrido na apreciação das propostas, seja possível reconstituir com segurança qual teria sido a correta graduação dos concorrentes.

jj) Não há lugar a nenhuma indemnização quando a entidade adjudicante demonstre que, em qualquer caso, o concorrente não poderia ter sido adjudicatário, seja em face da qualidade da sua proposta, seja pela verificação de outras circunstâncias conducentes à respetiva exclusão: neste caso, não deverá haver lugar a indemnização sequer pelo interesse contratual negativo, porque falta em absoluto o pressuposto da causalidade.

kk) No que respeita à indemnização do interesse contratual positivo e da perda de chance, o juiz deve fixar um limiar máximo da indemnização tendo em conta, além da álea inerente à execução do próprio contrato – o que pode depender do tipo contratual e das circunstâncias do mercado ou, ainda, das condições concretas em que a prestação contratual deva ser executada –, o benefício financeiro da respetiva antecipação, tratando-se de ganhos mais ou menos diferidos no tempo.

ll) Na aferição do grau de probabilidade necessária para despoletar o dever de indemnização de lucros cessantes ou da perda de chance (enquanto sucedâneo daqueles e no pressuposto de a chance perdida revelar a necessária consistência), tenderão a relevar (i) o número de concorrentes, (ii) os resultados obtidos em procedimentos semelhantes, (iii) a conformação do ilícito e (iv) a apreciação das propostas, já efetuada pela entidade adjudicante ou a levar a cabo pelo tribunal para efeitos estritamente indemnizatórios, com recurso a prova pericial e nos limites permitidos pelo modelo de avaliação adotado e pela natureza dos poderes em causa.

mm) O valor da indemnização da perda de chance, entendida como dano patrimonial do interesse contratual positivo, não é cumulável com a indemnização das despesas, que se inserem no âmbito do interesse contratual negativo: a incompatibilidade lógica dos respetivos pedidos indemnizatórios é flagrante.

nn) No específico domínio da contratação pública, não se justifica uma artificial distinção entre a indemnização devida pelo facto da inexecução da sentença anulatória e a indemnização devida pelo ilícito pré-contratual, desde logo porque é a insusceptibilidade de execução dessa sentença que definitivamente consolida, quer o desaproveitamento económico das despesas efetuadas no âmbito do procedimento pré-contratual – quando a indemnização deva limitar-se ao interesse contratual negativo –, quer a frustração dos ganhos que poderiam ter advindo da execução contratual – quando sejam indemnizáveis os lucros cessantes ou, pelo menos, a perda de chance de obtê-los.

(VI)

oo) O CCP não consagra, nem admite, um poder geral ou uma reserva discricionária de não adjudicação por razões de interesse público, estando esta confinada às alíneas c) e d) do nº 1 do respetivo artigo 79º.

pp) Em contrapartida deste poder de não adjudicação, em determinados casos, a lei prescreve, no nº 4 do mesmo artigo 79º, que "quando o órgão competente para a decisão de contratar decida não adjudicar com fundamento no disposto nas alíneas c) e d) do nº 1, a entidade adjudicante deve indemnizar os concorrentes, cujas propostas não tenham sido excluídas, pelos encargos em que comprovadamente incorreram com a elaboração das respetivas propostas".

qq) É de afastar inequivocamente uma indemnização pelo interesse contratual positivo na hipótese legal aqui considerada, tendo em conta que se está perante uma não adjudicação lícita que, alicerçada em habilitação legal específica, tem por efeito a *erradicação* do dever de celebração do contrato que constitui pressuposto da indemnização do interesse contratual positivo.

rr) Assim sendo, fica também afastada a indemnização pela perda de chance de celebração do contrato cujo procedimento adjudicatório tenha sido extinto, pelo menos para quem, como nós, entenda esse dano como um dano do interesse contratual positivo e mero sucedâneo da indemnização dos lucros cessantes potencialmente advenientes da respetiva execução.

ss) Além disso, estando em causa uma indemnização pela frustração ou pelo desaproveitamento económico das despesas dos concorrentes, compreender-se-ia mal que, com prejuízo para o erário público, a lei tivesse em vista impor o ressarcimento de despesas que não tivessem qualquer valor económico inerente, por não se acharem conexiadas com a constituição de uma situação de potencial vantagem patrimonial.

tt) Consequentemente, ainda que a lei não o refira, parece-nos que não faria sentido – por ausência de nexo causal e por imperativo de coerência sistemática – indemnizar o concorrente cuja probabilidade de obter a adjudicação era nula ou praticamente irrelevante, cabendo à entidade adjudicante, nos termos gerais, o ónus de demonstrar esse facto, mesmo que a respetiva proposta não tenha sido excluída.

(VII)

uu) A limitação ao interesse contratual negativo consagrada no nº 3 do artigo do artigo 105º do CCP não emerge do caráter supostamente lícito da não celebração do contrato por parte da entidade adjudicante, mas da *desistência* pelo concorrente de exigir a sua celebração, em termos análogos ao credor que resolve o contrato por incumprimento da contraparte ao abrigo da lei civil.

vv) Quando o concorrente não desista da celebração do contrato e esta seja injustificadamente recusada pela entidade adjudicante, aquele terá direito a obter judicialmente essa celebração ou a ser indemnizado pelo interesse contratual positivo como consequência lógica da aplicação do critério da reconstituição da situação atual hipotética e do imperativo de congruência entre a lesão e a indemnização, subjacentes a todo o sistema de responsabilidade civil.

(VIII)

ww) O artigo 45º, nº 3, da LOPTC, não tem senão em vista assegurar a remuneração do cocontratante pela execução do contrato, nos termos originariamente programados, até à decisão de recusa do visto, solução esta que é coerente com a eficácia precária ou *medio tempore* do contrato sujeito a fiscalização prévia.

xx) Como tal, o pagamento devido ao cocontratante, ao abrigo dessa norma legal, não tem a natureza de indemnização, mas de contraprestação, e emerge diretamente do contrato, ainda que seja expressamente reconhecido nessa norma.

yy) Dito de outro modo, o artigo 45º, nº 3, da LOPTC não é uma norma especial de responsabilidade civil, mas antes uma norma reguladora da eficácia do contrato, permitindo que os efeitos financeiros de que ele estava originariamente privado se produzam retroativamente, após a recusa do visto, pelo que não tem qualquer alcance limitativo do âmbito da indemnização devida pela atuação ilícita da entidade adjudicante.

zz) Tendo um determinado contrato público acabado por revelar-se ineficaz, ou de execução juridicamente impossível, em virtude da superveniente recusa de visto do Tribunal de Contas, e desde que a causa ou o fundamento dessa decisão devesse ter sido evitado pela entidade adjudicante – observando os deveres legais e de boa-fé que sobre si impendiam –, poderia admitir-se, pelo menos em tese, a delimitação do âmbito da indemnização segundo o interesse contratual positivo, aplicando o critério do artigo 562º do CC.

aaa) Todavia, a indemnização pelo interesse contratual positivo depende, logicamente, da alegação e prova, pelo concorrente lesado, de que, não fora o ilícito cometido, o mesmo seria ainda adjudicatário e cocontratante, podendo executar integralmente o contrato (cf. artigo 562º do CC) e, nos vários casos submetidos à apreciação do STA fundados na recusa de visto do Tribunal de Contas, não parece que este pressuposto tenha sido alegado e provado.

BIBLIOGRAFIA

ALMEIDA, Carlos Ferreira de – *Contratos I – Conceitos – Fontes – Formação*, 6ª ed., Coimbra, 2017

ALMEIDA, João Amaral e – "O «novo» critério de adjudicação na revisão do Código dos Contratos Públicos: a proposta economicamente mais vantajosa (Parte I – o artigo 74º)", in *RDA*, nº 2 (maio/agosto 2018)

ALMEIDA, João Amaral e / SÁNCHEZ, Pedro Fernández – *Temas de Contratação Pública*, Coimbra, 2011

ALMEIDA, Mário Aroso de – *Manual de Processo Administrativo*, 3ª ed., Coimbra, 2017

– *Teoria Geral do Direito Administrativo*, 4ª ed., Coimbra, 2017

AYALA, Bernardo Diniz de – *O (Défice de) Controlo Judicial da Margem de Livre Decisão Administrativa*, Lisboa, 1995

BALDASSARI, Augusto – *Il Danno Patrimoniale*, Milão, 2001

BARBOSA, Ana Mafalda de Miranda – *Do Nexo de Causalidade ao Nexo de Imputação*, Cascais, 2013

– *Responsabilidade Civil Extracontratual – Novas Perspetivas em Matéria de Nexo de Causalidade*, Cascais, 2014

– *Lições de Responsabilidade Civil*, Cascais, 2017

BOCCHIOLA, M. – «Perdita di una "chance" e certezza del danno», *RTDPC*, 1976, pp. 55-104

BORÉ, Jacques – «L'indemnisation pour les chances perdues: une forme d'appréciation quantitative de la causalité d'un fait dommageable», in *JCP*, 1974, I, 2620

BURROWS, Andrew – *A Casebook on Contract*, 2ª ed., Oxford e Portland, Oregon, 2009

BUSNELLI – «Il danno alla salute: un'esperienza italiana; un modello per l'europa?», in *La Valutazione del Danno alla Salute – Profili Giuridici, Medico-Legali ed Assicurativi*, AA.VV., 4ª ed., Pádua, 2001, pp. 3-18

CABRAL, Margarida Olazabal – *O Concurso Público nos Contratos Administrativos*, Coimbra, 1997

CADILHA, Carlos Fernandes – *Regime da Responsabilidade Civil Extracontratual do Estado e Demais Entidades Públicas Anotado*, 2ª ed., Coimbra, 2011

CAETANO, Marcello – *Manual de Direito Administrativo*, vol. I, 10ª ed. (reimp.), Coimbra, 2005

CALDEIRA, Marco – "Da exigibilidade judicial da celebração de contratos públicos", estudo inserido na coletânea de estudos do mesmo Autor designada *Estudos sobre o Contencioso Pré-Contratual*, Lisboa, 2017, pp. 317-395

CALVÃO, Filipa – anotação *sub* artigo 3º in AA.VV., *Comentário ao Regime da Respon-*

sabilidade Civil Extracontratual do Estado e Demais Entidades Públicas, Lisboa, 2013

CAPPAGLI – «Perdita di una chance e risarcibilità del danno per ritardo nella procedura di assunzione», GC (Giustizia Civile), 1984, I, pp. 1841 e ss.

CARANTA, Roberto – *I Contratti Pubblici*, Turim, 2004
– *Attività Amministrativa ed Illecito Aquiliano – La Responsabilitá della P.A. dopo la L. 21 Luglio 2000, N. 205*, Milão, 2001

CARBONNIER, Jean – *Droit Civil – 4/Les Obligations*, 18ª ed., Paris, 1994

CARINGELLA, Francesco – *Manuale di Diritto Amministrativo*, 2ª ed., Milão, 2007

CARINGELLA, Francesco / Giuseppe de MARZO / Francesca della VALLE / Roberto GAROFOLI – *La Nuova Giurisdizione Esclusiva del Giudice Amministrativo – Dopo la Legge 21 Luglio 2000, nº 205*, Milão, 2000

CASETTA, Elio /FRACCHIA, Fabrizio – *Manuale di Diritto Amministrativo*, 12ª ed., Milão, 2010

CASSANO, Giuseppe/Carmelo GIURDANELLA (coord.), *La Responsabilità della Pubblica Amministrazione*, Pádua, 2007

CASTRONOVO, Carlos – *La Nuova Responsabilità Civile*, 3ª ed., Milão, 2006

CHABAS, François – *Responsabilité Civile et Responsabilité Pénale*, Paris, 1975

CHARTIER, Yves – *La Réparation du Préjudice dans la Responsabilité Civile*, Paris, 1983

CHIEPPA, Roberto / GIOVAGNOLI, Roberto – *Manuale di Diritto Amministrativo*, Milão, 2011

CHINDEMI, Domenico – *Il Danno da Perdita di Chance*, 2ª ed., Milão, 2010

Clerk & Lindsell on Torts ("Causation in tort: general principles", por M.A. JONES), 9ª ed., Londres, 2006

COELHO, Francisco Manuel Pereira – *O Nexo de Causalidade na Responsabilidade Civil* (suplemento ao *BFDUC*), Coimbra, 1950
– *O Problema da Causa Virtual na Responsabilidade Civil* (reimp.), Coimbra, 1998

CONTE, Riccardo – «Profili di responsabilità civile dell'avvocato», *NGCC*, jan./fev. 2004, pp. 144-165

CORAPI, Elizabeta – «La responsabilità dell'avvocato», *NGCC – Casi Scelti in Tema di Responsabilità Civile* (coord. GUIDO ALPA/ GIOVANNA CAPILLI/ PIETRO MARIA PUTTI), 2004

CORDEIRO, António Menezes – *Direito das Obrigações*, 2º vol., Lisboa, 1980
– *Da Boa Fé no Direito Civil*, vol. I, Coimbra, 1984
– *Da Responsabilidade Civil dos Administradores das Sociedades Comerciais*, Lisboa, 1997
– *Tratado de Direito Civil – II*, 4ª ed., Coimbra, 2014
– *Tratado de Direito Civil VIII*, Coimbra, 2016 (reimp.)
– *Tratado de Direito Civil – IX*, 3ª ed., Coimbra, 2017

CORDEIRO, Maria Ataíde – "A responsabilidade civil da entidade adjudicante no âmbito de um procedimento de formação de um contrato público", in *Comentários à Revisão do Código dos Contratos Públicos* (coord. CARLA AMADO GOMES/RICARDO PEDRO/TIAGO SERRÃO/MARCO CALDEIRA), Lisboa, 2017, pp. 185-209

CORREIA, José Manuel Sérvulo – *Legalidade e Autonomia Contratual nos Contratos Administrativos*, Coimbra, 1987

COSTA, Mário Júlio de Almeida – *Direito das Obrigações*, 12ª ed., Coimbra, 2009

COSTA, Patrícia Cordeiro da – *Causalidade, Dano e Prova. A Incerteza na Responsabilidade Civil*, Coimbra, 2016

COUTINHO, Juliana Ferraz – "Adjudicar ou não adjudicar, eis a questão", in *Comentá-*

rios à Revisão do Código dos Contratos Públicos (coord. CARLA AMADO GOMES/ RICARDO PEDRO/TIAGO SERRÃO/ MARCO CALDEIRA), Lisboa, 2017, pp. 577-603

CUPIS, Adriano de – «Il risarcimento della perdita di una "chance"», in *GI*, 1986, I, 1, pp. 1181 ss

DEAKIN, Simon / JOHNSTON, Angus/ MARKESINIS, Basil – *Markesinis and Deakin's Tort Law*, 7ª ed., Oxford, 2012

DECLÈRE, Frédéric Descoprs – «La cohérence de la jurisprudence de la Cour da cassation sur la perte de chance consécutive à une faute du médecin», in *RD*, 2005, nº 11

EIRÓ, Vera – *A Obrigação de Indemnizar das Entidades Adjudicantes*, Coimbra, 2013

FEOLA, Maria – «Nesso di causalità e perdita di "chances" nella responsabilità civile del professionista forense», *Rivista Critica del Diritto Privato*, Março 2004, pp. 151-182

FERREIRA, Rui Cardona – *Indemnização do Interesse Contratual Positivo e Perda de Chance (em especial, na contratação pública)*, Coimbra, 2011

– "A perda de chance revisitada (a propósito da responsabilidade do mandatário forense)", *ROA*, 2013

– "A perda de chance na responsabilidade civil por ato médico", *RDC*, II (2017), 1

FLOUR, Jacques/AUBERT, Jean-Luc – *Les Obligations, 2. Le Fait Juridique*, 8ª ed., Paris, 1999

FRADA, António Carneiro da – *Uma «Terceira Via» no Direito da Responsabilidade Civil?*, Coimbra, 1997

– *Teoria da Confiança e Responsabilidade Civil*, Coimbra, 2003

– *Direito Civil – Responsabilidade Civil – O Método do Caso*, Coimbra, 2006

FRANZONI, Massimo – *Il Danno al Patrimonio*, Milão, 1996

FREITAS, Lebre de – *Introdução ao Processo Civil – Conceito e Princípios Gerais à Luz do Novo Código*, 4ª ed., Coimbra, 2017

FREITAS, Lourenço Vilhena de – *Direito dos Contratos Públicos e Administrativos*, Lisboa, 2014

GHISIGLIERI, Francesco – «Risarcimento del danno e perdita di chance», *NGGC (La Nuova Giurisprudenza Civile Commentata)*, Março/Abril 1991, pp. 141-142

GIANNINI, Gennaro/ Mário POGLIANI – *La Responsabilità da Illecito Civile – Assicuratore, Magistrato, Produttore, Professionista*, Milão, 1996

GOMES, Júlio Vieira – «Sobre o dano da perda de chance», in *DJ*, vol. XIX, 2005, tomo II (pp. 9-47)

– "Ainda sobre a figura do dano da perda de oportunidade ou perda de chance", in *CDP – II Seminário dos Cadernos de Direito Privado ("Responsabilidade Civil")*, dezembro de 2012 (pp. 17-29)

GONÇALVES, Pedro – *A Concessão de Serviços Públicos*, Coimbra, 1999

– *O Contrato Administrativo – Uma Instituição do Direito Administrativo do Nosso Tempo*, Coimbra, 2003

– *Direito dos Contratos Públicos*, 2ª ed., vol. 1, Coimbra, 2018

GUALANO, Tommaso – "Perdita di chance", in *Il Danno Risarcibile*, coord. de GIUSEPPE VETTORI, vol. I, Pádua, 2004, pp. 121-190

IRELLI, Cerulli – *Corso di Diritto Amministrativo*, Turim, 2002

JANSEN, Niels – «The idea of a lost chance», in *OJLS*, 1999, vol. 19, pp. 271-296

– *Die Struktur des Haftungsrechts. Geschichte, Theorie und Dogmatik ausservertraglicher Ansprüche und Schadensrsatz*, Tübingen, 2003

JORGE, Fernando Pessoa – *Ensaio sobre os Pressupostos da Responsabilidade Civil*, Lisboa, 1968, reimp., Coimbra, 1999

Kasche, Maria – *Verlust von Heilungschancen – Eine rechtsvergleichende Untersuchung, Frankfurt am Main*, 1999

Koziol, Helmut – *«Schadenersatz für den Verlust einer Chance?», in Festschrift für Hans Stoll zum 75.Geburtstag*, Tübingen, 2001, pp. 233-250

Kullack, Andrea Maria – in Wolfgang Heiermann/Richard Riedl/Martin Rusam/Johann Kuffer/Andrea Maria Kullack/Lutz Mansfeld, *Handkommentar zur VOB*, 11ª ed., Wiesbaden, 2008, pp. 1652-1656

Langue, Hermann / Schiemann, Gottfried – *Schadensersatz*, 3ª ed., Tübingen, 2003

Larenz, Karl – *Lehrbuch des Schuldrechts*, 14ª ed., Munique, 1987

Leitão, Luís Menezes – *A Responsabilidade do Gestor perante o Dono do Negócio no Direito Civil Português*, Coimbra, 2005

– *Direito das Obrigações*, vol. I, 15ª ed, Coimbra, 2018

– *Direito das Obrigações*, vol. II, 12ª ed., Coimbra, 2018

Lopes, Pedro Moniz – *Princípio da Boa Fé e Decisão Administrativa*, Coimbra, 2011

Lunney, Mark / Oliphant, Ken – *Tort Law: Text and Materials*, Oxford, 2013

Machado, Baptista – Tutela da confiança e "venire contra factum proprium", in *Obra Dispersa – I*, Braga, 1991

– "A resolução por incumprimento e a indemnização", in *Obra Dispersa – I*, Braga, 1991

Martinez, Pedro Romano – *Da Cessação do Contrato*, 3ª ed., Coimbra, 2017

Marx, Fridhelm – in *Beck'scher VOB-Kommentar*, Munique, Gerd Motzke/Jost Pietzcker/Hans-Joachim PrieB, Munique, 2001

Mäsch, Gerald – *Chance und Schaden*, Tübingen, 2004

Mazeaud, Henri / Mazeaud, Léon / Tunc, André – *Traité Théorique et Pratique de la Responsabilité Civile Délictuelle et Contractuelle*, tomo I, 6ª ed., Paris, 1965

Medeiros, Rui / Martins, Patrícia Fragoso – anotação *sub* artigo 7º, nº 2, in AA.VV., *Comentário ao Regime da Responsabilidade Civil Extracontratual do Estado e Demais Entidades Públicas*, Lisboa, 2013

Mele, Eugenio – *I Contratti delle Pubbliche Amministrazioni*, 3ª ed., Milão, 2002

Monateri, Pier Giuseppe – *Trattato di Diritto Civile – Le Fonti delle Obbligazioni – vol. 3 – La Responsabilità Civile*, Turim, 1998

Moncada, Luís Cabral de – *Lições de Direito Civil*, 4ª ed., Coimbra, 1995

Monteiro, Jorge Sinde – *Responsabilidade por Conselhos, Recomendações ou Informações*, Coimbra, 1989

– "Culpa in contrahendo", *CJA* nº 42, nov./dez. 2003

Monticelli, Nicola – "La perdita di chance", in *Casi Scelti in Tema di Responsabilità Civile*, AA.VV., Milão 2004

Oliveira, Mário Esteves de / Oliveira, Rodrigo Esteves de – *Concursos e outros Procedimentos de Contratação Pública*, Coimbra, 2011

Oliveira, Nuno Manuel Pinto – anotação ao Ac. STJ de 26.01.2006, *CDP*, nº 20, out./dez. 2007

Otero, Paulo – *Legalidade e Administração Pública – O Sentido da Vinculação Administrativa à Juridicidade*, Coimbra, 2003

Pedro, Ricardo – "Critérios de adjudicação no Código dos Contratos Públicos (revisto)", in *Comentários à Revisão do Código dos Contratos Públicos* (coord. Carla Amado Gomes/Ricardo Pedro/Tiago Serrão/Marco Caldeira), Lisboa, 2017, pp. 491-515

Pedro, Rute Teixeira – *A Responsabilidade Civil do Médico – Reflexões Sobre a Noção da*

Perda de Chance e a Tutela do Doente Lesado, Coimbra, 2008

PENNEAU, Jean – *La Responsabilité du Médecin*, Paris, 1992

PEREIRA, Rui Soares – *O Nexo de Causalidade na Responsabilidade Delitual – Fundamentos e Limites do Juízo de Condicionalidade*, Coimbra, 2017

PINTO, Carlos Alberto da Mota – *Teoria Geral do Direito Civil*, 4ª ed. (revista por António Pinto MONTEIRO/Paulo Mota PINTO), Coimbra, 2005

PINTO, Paulo Mota – *Interesse Contratual Negativo e Interesse Contratual Positivo*, Coimbra, 2009

– "Responsabilidade por violação de regras de concurso para celebração de um contrato (em especial o cálculo da indemnização)", in *Estudos de Contratação Pública – II* (coord. PEDRO GONÇALVES), Coimbra, 2010

– "Perda de chance processual", in AA.VV., *Estudos em Homenagem ao Conselheiro Presidente Rui Moura Ramos*, vol. II, Coimbra, 2016

POGLIANI, Mauro – *Responsabilità e Risarcimento da Illecito Civile*, 2ª ed., Milão, 1969

PRATA, Ana – *Notas sobre Responsabilidade Pré-Contratual*, Coimbra, 2002 (reimpressão)

PROENÇA, José Carlos Brandão – *A Conduta do Lesado como Pressuposto e Critério de Imputação do Dano Extracontratual*, Coimbra, 1997

– *Lições de Cumprimento e Não Cumprimento das Obrigações*, 2ª ed., Porto, 2017

QUADROS, Fausto de – "O concurso público na formação do contrato administrativo – alguns aspetos", *ROA*, nº 47 (1987)

RAIMUNDO, Miguel Assis – *A Formação dos Contratos Públicos – Uma Concorrência Ajustada ao Interesse Público*, Lisboa, 2013

ROCHA, Nuno Santos – *A «Perda de Chance» Como Uma Nova Espécie de Dano*, Coimbra, 2014

RUBACH-LARSEN, Anne – "Damages under German Law for Infringement of EU Procurent Law", in *PPLR*, 2006, nº 4

SAGNA, Alberto – *Il Risarcimento del Danno nella Responsabilità Precontrattuale*, Milão, 2004

SÁNCHEZ, Pedro Fernández – "A tutela ressarcitória no Direito dos Contratos Públicos: interesse contratual positivo ou negativo e perda de chance", in *OD*, 2015, tomo IV

SAVATIER, René – *La Théorie des Obligations en Droit Privé Économique*, 4ª ed., Paris, 1979

SERRA, Adriano Vaz – "Direito das Obrigações – Anteprojecto (parte extensa)", *BMJ*, nº 100, pp. 161-413

SILVA, Manuel Gomes da – *O Dever de Prestar e o Dever de Indemnizar*, vol. I, Lisboa, 1944

SOUSA, Marcelo Rebelo de / MATOS, André Salgado de – *Contratos Públicos – Direito Administrativo Geral*, tomo III, 2ª ed., Lisboa, 2009

STARCK, Boris – *Droit Civil – Obligations*, Paris, 1972

STOLL, Hans – «Schadenersatz für verlorene Heilungschancen vor englischen Gerichten in rechtsvergleichender Sicht», in *Festschrift für Erich Steffen zum 65. Geburtstag am 28.Mai 1995 – Der Schadenersatz und seine Deckung*, 1995, Walter de Gruyter/Berlim/Nova Iorque (pp. 465-478)

TAVARES, José – *O Tribunal de Contas – Do visto, em especial*, Coimbra, 1998

– "O Código dos Contratos Públicos e o Tribunal de Contas – Notas sobre a natureza, enquadramento e fiscalização dos contratos públicos", in *Comentários à Revisão do Código dos Contratos Públicos*, Lisboa, 2017, pp. 135-152

TELLES, Inocêncio Galvão – *Direito das Obrigações*, 7ª ed. Coimbra, 1997

TOURNEAU, Philippe le/CADIET, Loïc) – *Droit de la Responsabilité*, Paris, 1998

VARELA, João de Matos Antunes – *Código Civil Anotado*, vol. I, 4ª ed., Coimbra, 1987

– *Das Obrigações em Geral*, vol. I., 10ª ed., Coimbra, 2000

– *Das Obrigações em Geral*, vol. II, 7ª ed. (reimp.), Coimbra, 2001

VINEY, Geneviève/JOURDAIN, Patrice – *Traité de Droit Civil* (coord. de JACQUES GHESTIN), *Les Conditions de la Responsabilité*, 3ª ed., Paris, 2006

WEILL, Alex/TERRÉ, François – *Droit Civil – Les Obligations*, 3ª ed., Paris, 1980

WEIR, Tony – *An Introduction to Tort Law*, 2ª ed., Oxford, 2006

ZENO-ZENCOVICH, Vincenzo – «Il danno per la perdita della possibilità di una utilità futura», Rivista del Diritto Commerciale e del Diritto Generale delle Obbligazioni, ano LXXXIV (1986), nºs 5-8, pp. 213-219

ÍNDICE